W0259099

Effizienz durch Automatisierung

Ferri Abolhassan • Jörn Kellermann (Hrsg.)

Effizienz durch Automatisierung

Das „Zero Touch"-Prinzip im IT-Betrieb

Herausgeber
Ferri Abolhassan, Jörn Kellermann
T-Systems International GmbH
Saarbrücken, Deutschland

ISBN 978-3-658-10643-0
978-3-658-10644-7 (eBook)
DOI 10.1007/10644-7

Die Deutsche Nationalbibliothek verzeichnet diese Publikation in der Deutschen Nationalbibliografie; detaillierte bibliografische Daten sind im Internet über http://dnb.d-nb.de abrufbar.

Springer Gabler

Redaktion: Gerd Halfwassen, Bettina Walker, Annette Spiegel, Beatrice Gaczensky

Gedruckt auf säurefreiem und chlorfrei gebleichtem Papier

Springer Gabler ist Teil von Springer Nature
Die eingetragene Gesellschaft ist Springer Fachmedien Wiesbaden GmbH

Inhaltsverzeichnis

1 **Einleitung** ... 9
Ferri Abolhassan

1.1 Ohne Automatisierung keine Perfektion ... 9
1.2 Cloud ist Zukunft ... 11
1.3 Dank Hyperkonvergenz zur IT aus der Steckdose ... 11
1.4 Mit geballtem Know-how Meilensteine setzen ... 12

2 **Herausforderung für IT-Betreiber** ... 15
Andreas Zilch

2.1 Das Cloud-Paradigma ... 15
2.2 Wirksamkeit und Effizienz der IT ... 19
2.3 Den richtigen (IT-)Partner finden ... 21
2.4 Standortbestimmung ... 22
2.5 Optimierungsziele ... 24
2.6 Fazit ... 27

3 **Standardisierung als erster Schritt in die Einfachheit** ... 31
Magnus Greuling, Michael Pauly, Ludger Vogt

3.1 Die Situation: gewachsene IT-Strukturen ... 31
3.2 Standardisieren – warum? ... 32
3.3 Dynamische IT braucht ein Standardfundament ... 33
3.4 Allgemeine und interne Standards ... 34
3.5 Beispiel Tankstellenkette ... 35
3.6 Make or Buy – IT-Strategie stellt die Weichen ... 36
3.7 Unterschiedliche Ausgangssituationen: Neuaufbau oder Transformation? ... 38
3.8 Standardisierung der Governance am Beispiel des Security Management ... 43
3.9 Fazit ... 43

4 Konsolidierung: Offensive für moderne, flexible Strukturen 47
Jörn Kellermann

4.1 Einführung 47
4.2 Größe und Gemeinsamkeiten nutzen: Potenziale der Konsolidierung 48
4.3 Ressourcen besser auslasten: Vorteile der Virtualisierung 49
4.4 Da ist mehr drin: Auslastung optimieren 50
4.5 Ziele festlegen: Weniger bringt mehr, lautet die Devise 52
4.6 Scope definieren: mit Blick über den Tellerrand 52
4.7 Echte Bedingungen schaffen: Proof of Concept/Szenarien 53
4.8 Bestehendes bestens nutzen: Standards und technische Rahmenwerke 54
4.9 Auf der sicheren Seite: Qualität zählt 55
4.10 Einmal ist nicht genug: Konsolidierung als fortlaufender Prozess ... 55
4.11 Systematisch, richtig, gut: Konsolidieren mit Programm 56
4.12 Das A und O für den Erfolg: die Messmethoden 56
4.13 Wissen, worauf es ankommt: Konzeption und Migration im Detail 57
4.14 Mit weniger Aufwand mehr erreichen – Migration-as-a-Service (MaaS) 59
4.15 Das große Ganze im Visier: effiziente Rechenzentrumslandschaft .. 60
4.16 Fazit 61

5 Automatisierung als notwendiger nächster Schritt 65
Steffen Thiemann, Carsten Jörns, Michael Pauly

5.1 Standardisierung und Konsolidierung ebnen den Weg zur Automation 65
5.2 Was ist Automation? 66
5.3 Nutzen der Automatisierung 68
5.4 Rolle der Configuration Management Data Base 69
5.5 Stufen der Automatisierung/Reifegrad 71
5.6 Tools für Automatisierung 74
5.7 Automatisierung einführen 76
5.8 Automatisierung leben 77

6 Die Hebelwirkung von Automatisierung beim Cloud Computing 79
Bernd Oster, Bernd Wendt

6.1 Einführung und Kontext 79
6.2 Begriffsdefinitionen und -abgrenzungen 80
6.2.1 Cloud Computing vs. Nutzung von Cloud-Technologie im eigenen RZ 80
6.2.2 Automatisierung 82

6.3 Domänen der Automatisierung im Rechenzentrumsbetrieb 83
6.4 Auswirkung der Automatisierung 85
6.4.1 Nutzen der Automatisierung im eigenen RZ 85
6.4.2 Zusätzlicher Nutzen bei Bezug von Cloud-Services 86
6.4.3 Self-Service unterstützt mündige Anwender 89
6.5 Herausforderungen in der Praxis 90
6.5.1 Auswahl geeigneter Werkzeuge 90
6.5.2 Vermeidung providerspezifischer Werkzeuge 91
6.5.3 Geänderte Erwartungshaltung auf Anwenderseite 91
6.5.4 Verständnis Cloud-spezifischer Anforderungen an Anwendungen 92
6.5.5 IT-Finanzprozesse 93
6.6 Ausblick 95
6.6.1 Naht das Ende des redundanten Active-Active-Datacenters? 95
6.6.2 Container und Agnostizität 95
6.6.3 Continuous Delivery 95

7 Automation dynamischer Cloud-Portfolios mit CAMP 99
Bernd Kunrath

7.1 Einleitung 99
7.2 Dynamische Bereitstellung von IT-Infrastrukturen bei T-Systems 100
7.2.1 Die Cloud bei T-Systems 101
7.2.1.1 Dynamic Computing Services – DCS 102
7.2.1.2 Dynamic Cloud Platform – DCP 102
7.2.1.3 DSI vCloud 103
7.2.2 Automation bei T-Systems 103
7.2.2.1 Optimierung interner Abläufe 104
7.3 Herausforderungen bei der Automation dynamischer Cloud-Produkte 105
7.3.1 Erfassung der Prozedere und organisationsweite Standardisierung 106
7.3.2 Übergaben als kritische Größen für IT-Service-Prozesse 109
7.3.3 Evaluation und Selektion adäquater Technologien 110
7.3.4 Effektives Availability- & Continuity-Management 111
7.4 Automation bei T-Systems am Beispiel von CAMP 111
7.4.1 Designprinzipien von CAMP 112
7.4.1.1 Zentralistische Betrachtung 112
7.4.1.2 Automation Layer 113
7.4.1.3 Trennung von Daten- und Informationsmodell 113

7.4.2 Die zentrale Workflow Engine ... 114
7.4.3 Die Datendrehscheibe eCMDB ... 114
7.4.3.1 LDAP ... 115
7.4.3.2 Landscapes ... 116
7.4.4 Das Konfigurationsportal ... 116
7.4.5 Lokale Tech Bases ... 117
7.5 Best Practice: Empfehlungen und Erfahrungswerte aus CAMP ... 118
7.5.1 Eindeutige Zieldefinition ... 118
7.5.2 Frühzeitig enge Zusammenarbeit ... 118
7.5.3 CMO und FMO im Fokus behalten ... 119
7.5.4 Klare Zielgruppenidentifikation ... 119
7.5.5 Definierte Eckwerte und Variantensparsamkeit ... 119
7.5.6 Eindeutige Projektdimensionen ... 120
7.6 Fazit ... 121

8 Schlusswort ... 123
Ferri Abolhassan, Jörn Kellermann

8.1 Dreiklang aus Automatisierung, Standardisierung und Konsolidierung ... 123
8.2 Der richtige Weg durch das Automatisierungsdickicht ... 124

1 Einleitung

Ferri Abolhassan

Übung macht den Meister. Dieses alte Sprichwort ist heute aktueller denn je. Nur wenn Sportler mehrere Stunden pro Tag Spiel- und Bewegungsabläufe trainieren, können sie ihre Fertigkeiten ausbauen und sich zu Spitzenathleten entwickeln. Dieser Fakt gilt selbst für die talentiertesten Meister ihres Fachs und lässt sich auch außerhalb des Sports beliebig auf andere Bereiche aus Kunst, Kultur und Wissenschaft bis hin zu Wirtschaft und Technik übertragen. Basis der Übungen ist die kontinuierliche Wiederholung (vgl. Meinel und Schnabel 2014) von Prozessen zur Vervollkommnung von Bewegungen. Sie erfolgen dadurch automatisiert und zeichnen sich durch eine höhere Konstanz aus. Gleichzeitig schonen sie Ressourcen, wodurch Aufmerksamkeit und Leistung auf die Perfektionierung von Fähigkeiten konzentriert werden können.

Ein ähnliches Beispiel, das zeigt, wie automatisierte Prozesse für perfektionierte Abläufe sorgen, ist die Automobilbranche. So entstehen viele Unfälle im Straßenverkehr noch immer durch menschliche Fehler und die falsche Entscheidung in Situationen, in denen es eigentlich auf Objektivität und eine schnelle Reaktionsfähigkeit ankäme. Kein Wunder also, dass die Autobauer hier ansetzen. Der Trend geht hin zum autonomen Fahren: Bereits heute werden Fahrzeuge mit mehr und mehr Assistenten ausgestattet – von Spurhalteassistenten bis hin zu Abstands- und Parkassistenten.

1.1 Ohne Automatisierung keine Perfektion

Und damit nicht genug: Eine aktuelle Studie des Automobilzulieferers Bosch basierend auf dem Tesla-S-Modell zeigt, was bald schon Realität sein könnte. Ein Computer steuert das Nachverfolgen einer vorgegebenen Route, leitet Spurwechsel ein und passt die Geschwindigkeit dem Verkehr an. Kameras, Sensoren, Laserscanner und Rechenleistung machen es möglich (vgl. Westermann 2015). Die Serienreife für den Einsatz des Autopiloten auf der Autobahn könnte 2020 erreicht sein. Ein riesiger Markt. So erwartet die Boston Consulting Group bis 2025 ein weltweites Marktvolumen von 42 Milliarden US-Dollar für Autopilotfunktionen. Laut dem Verband der Automobilindustrie investiert die deutsche Automobilindustrie in den kommenden drei bis vier Jahren bis zu 18 Milliarden Euro in die Forschung zum vernetzten und automatisierten Fahren Fahren (vgl. VDA 2015).

Die Automatisierung bietet aber nicht nur den Autofahrern – also den Endkunden – zahlreiche Vorteile. Die Fertigung selbst profitiert bereits seit Jahrzehnten. So lassen sich durch eine übergreifende Standardisierung gleichartige Bauteile identifizieren, die in mehreren Produktreihen verwendet werden können. Diese lassen sich zudem vollautomatisch herstellen und von Zulieferern „just in time" zur Verfügung stellen. Effizienter geht es kaum. Durch ihre Innovationskraft ist die Automobilindustrie ein Vorbild für andere Branchen: Von der Einführung der Fließbandfertigung unter Ford bis hin zum Modularen Querbaukasten bei Volkswagen (vgl. Abolhassan 2013) – die Automobilbranche schöpft weitreichendes Potenzial aus der Standardisierung und Konsolidierung von Prozessen und sichert sich damit Innovationskraft und Wettbewerbsfähigkeit für die Zukunft. Sie ist eine Schlüsselindustrie, die zeigt, wie sich Effizienz, Produktivität und Qualität auch unter den schwierigsten Bedingungen verwirklichen lassen (vgl. Schreier 2015).

Für die IT-Services bedeutet dies zweierlei: Zum einen müssen Unternehmen verschiedenster Branchen ihre IT-basierten Prozesse automatisieren – und die IT-Dienstleister und -Abteilungen sind gefordert, ihr gesamtes Erfahrungsspektrum einzubringen, um den Kunden als wirklichen Partner von Anfang bis Ende zu begleiten. Zum anderen sind auch die IT-Dienstleister in der Pflicht, ihre eigene IT sowie ihre Prozesse zu automatisieren, um agiler und effizienter zu werden. Dabei kommt es insbesondere darauf an, zu erkennen, welche Abläufe sich bestmöglich automatisieren lassen und in welchen Bereichen auch auf lange Sicht auf das Know-how von Experten vertraut werden sollte, die manuell agieren. Denn bei aller Automatisierung wird eines deutlich: Das Know-how und die Erfahrung realer Mitarbeiter sind auch auf lange Sicht unerlässlich.

Die Automobilhersteller setzen auf eine Mensch-Roboter-Kollaboration. Vor allem in der komplexen Endmontage und Qualitätssicherung ist dies nicht anders machbar. Und dieses Prinzip gilt auch für die IT. Keine Automatisierungslösung wird die Beratungskompetenz langjähriger IT-Experten ersetzen können, die die Kundenanforderungen genau verstehen. Durch Modularisierung und Standardisierung sind beispielsweise in der Cloud heute schätzungsweise 80 Prozent der Kundenanforderungen bedienbar. Typische Einsatzbereiche für die Automatisierung sind dabei Serverlandschaften oder internetbasierte Anwendungen. 20 Prozent lassen sich jedoch auch weiterhin einzig durch hoch qualifizierte Fachleute und deren individuelle Lösungen angehen. Dies sind unter anderem businesskritische Applikationen, Spezialanwendungen oder SAP-Installationen, die an die Anforderungen der Unternehmen angepasst werden müssen. Für Unternehmen gilt es also, die richtige Balance zwischen Automatisierung und Teamarbeit von Experten zu finden, um für die Zukunft gerüstet zu sein. Denn diese hält viele neue Herausforderungen bereit, die es zu bewältigen gilt.

1.2 Cloud ist Zukunft

IT und Automatisierung sind demnach Schlüssel und Herausforderung zugleich – und zwar in allen Branchen. Dabei stehen Unternehmen heute drei übergreifenden Trends gegenüber: der Digitalisierung von Geschäftsprozessen und Produkten (Industrie 4.0), der Vernetzung von Objekten (Internet der Dinge) und einem stetigen Kostendruck. Diese drei Trends bestimmen die Entwicklung der IT-Landschaft und die Implementierung von IT-Vorhaben – ganz gleich, ob durch einen Service-Provider oder durch eine Inhouse-Implementierung. Standardisierung und Automatisierung in der Cloud bieten die notwendige Agilität und Geschwindigkeit sowie Qualität und Skaleneffekte, um diese Herausforderungen anzugehen. Sie ersetzen ehemals zeitintensive und fehleranfällige Prozesse der manuellen IT-Bereitstellung und reduzieren gleichzeitig die Herstellungskosten. Ein Beispiel hierfür ist die Inbetriebnahme von Datenbank-Servern. Durch automatisierte Skripte werden keine Prozessschritte mehr vergessen und die Funktionalität – sprich die Qualität – ist gewährleistet. Auch im Ordermanagement bieten automatisierte Cloud-Lösungen einen Mehrwert: Durch Health-Checks und ein konstantes Monitoring des IT-Systems anhand von Kennzahlen (KPIs), Meldeketten und Logfiles ist gewährleistet, dass Engpässe in der Leistungsfähigkeit und potenzielle Belastungen rechtzeitig erkannt werden. So lässt sich zum Beispiel definieren, dass bei 70 Prozent Auslastung eines Systems ein präventiver Support-Prozess eingeleitet wird, bevor negative Auswirkungen bei der Performance spürbar sind. Dieses Vorgehen zahlt wiederum auf die Qualität ein.

Darüber hinaus erlauben es standardisierte, dynamische Plattformen, jederzeit von jedem Server aus Cloud-Services wie Infrastructure-as-a-Service (IaaS) bereitzustellen. Auch Features und Applikationen lassen sich in dieser Umgebung automatisiert bereitstellen, abwickeln und bezahlen. Kunden erhalten damit die gewünschte Leistung nach Bedarf, ohne die Technologien selbst vorhalten zu müssen – quasi eine Cloud auf Knopfdruck. Die Aufzählung der Beispiele ließe sich beliebig fortsetzen. Doch bereits nach erster kurzer Betrachtung lässt sich konstatieren: Die Automatisierung bietet wichtige Vorteile für alle Bereiche und ist unerlässlich für die weitere erfolgreiche Entwicklung der deutschen Wirtschaft.

1.3 Dank Hyperkonvergenz zur IT aus der Steckdose

Genau deshalb wird die Automatisierung konsequent weiter vorangetrieben und zu einem zentralen Bestandteil der Wertschöpfungs- und Servicekette von Unternehmen. Eine große Rolle dabei wird die Integrationsfähigkeit von Komponenten spielen. Auch in diesem Fall lässt sich die Entwicklung mit der Automobilindustrie vergleichen. Wurden früher Komponenten wie Tachos oder Schalter einzeln geliefert und installiert, kommen heute die komplett konfigurierten Armaturenbretter als fertige Bauteile direkt an die Produktionslinie. Analog sehen wir heute in der IT-Automatisierung den Trend zur Integration von IT-Silos, die sich in jeder Abteilung etabliert haben: Standen Hardware- und Softwarelösungen für Netzinfrastruktur, Rechenleistung und Speicher bislang eher für sich und wurden von spezialisierten Anbietern einzeln bereitgestellt, verschmelzen die IT-Teilefabriken heute immer mehr zu konvergenten Systemen. Durch die Integration und das einheitliche Management aller Systemkomponenten lassen sich große Effizienzvorteile heben und signifikante Kosteneinsparungen erzielen – die sich im Falle eines IT-Providers an Kunden weitergeben lassen.

Aufgrund des erheblichen Potenzials, das aus der Integration der einzelnen Elemente entsteht, geht der Trend künftig sogar hin zu hyperkonvergenten Lösungen, die den Betrieb von virtualisierten IT-Infrastrukturen noch einmal deutlich flexibler und einfacher machen – ein weiterer Schritt in Richtung „IT aus der Steckdose". So tragen Standardisierung und Modularisierung dazu bei, dass IT-Leistung jederzeit schnell und komfortabel „Out of the Box" verfügbar ist. Die Automatisierung macht es auch möglich, dass ganze Applikationslandschaften mithilfe von Containertechnologien effizienter nutzbar werden. Sie werden hierbei virtualisiert, in Container „verpackt" und können dadurch von einer Cloud-Umgebung komplett in eine andere transferiert werden. Dies bietet Unternehmen große Vorteile, beispielsweise wenn sich Projekte ändern und sie neue Anforderungen in ihrer IT-Infrastruktur abbilden müssen. Der Schlüssel liegt auch in diesem Fall in der Standardisierung: Sie sorgt dafür, dass die einzelnen Elemente kompatibel sind. Hersteller und Service-Provider müssen sich nur noch an einen Standard anpassen. Der Kunde profitiert von geringeren Migrations- und Onboarding-Kosten und kann noch schneller auf die IT-Leistung zugreifen. Die genannten Beispiele geben nur einen kleinen Einblick in die zahlreichen Möglichkeiten, die sich Unternehmen bieten.

1.4 Mit geballtem Know-how Meilensteine setzen

Die Betrachtung zeigt, dass die Automatisierung heute und in Zukunft eine Kernanforderung für Unternehmen aller Branchen ist. Es steht nichts Geringeres als der langfristige Geschäftserfolg auf dem Spiel. Wie weit die Automatisierung in der IT-Praxis fortgeschritten ist und welches Potenzial es noch gibt – dies werden die Experten aus Industrie und Wirtschaft auf den folgenden Seiten ausführlich erläutern und diskutieren. An dieser Stelle geht der Dank an alle mitwirkenden Autoren und Institutionen. Mit ihrem Know-how und ihrer Erfahrung tragen sie dazu bei, die Automatisierung ein großes Stück weiter voranzubringen. Dieses Buch ist eine Teamleistung – denn nur im Team lassen sich Spitzenleistungen erzielen. Selbst Meister ihres Fachs haben von den Besten gelernt und ihre Fertigkeiten vervollkommnet.

Literatur

Abolhassan, Ferri (2013): Der Weg zur modernen IT-Fabrik. Springer Gabler. Wiesbaden.

Meinel, Kurt; Schnabel, Günter (2014): Bewegungslehre Sportmotorik: Abriss einer Theorie der sportlichen Motorik unter pädagogischem Aspekt.

Schreier, Jürgen (2015): Industrie 4.0 kommt nicht mit einem großen Ruck. Interview mit Dr. Christian Patron, Leiter Digitalisierung Produktion bei BMW. In: Maschinenmarkt.vogel.de. http://www.maschinenmarkt.vogel.de/themenkanaele/automatisierung/fertigungsautomatisierung_prozessautomatisierung/articles/501048/. Zugegriffen: 01.09.2015.

VDA (2015): Wissmann: Deutsche Hersteller und Zulieferer bei Qualität führend [Online-Pressemitteilung]. https://www.vda.de/de/presse/Pressemeldungen/20151116-Wissmann-Deutsche-Hersteller-und-Zulieferer-bei-Qualitaet-fuehrend.html. Zugegriffen: 01.02.2015.

Westermann, Florian (2015): Fahren ohne Fahrer: Die besten Investments. In: finanzen.net (Euro am Sonntag online). http://www.finanzen.net/nachricht/aktien/Megatrend-Fahren-ohne-Fahrer-Die-besten-Investments-4485764. Zugegriffen: 01.09.2015.

Autor

Dr. Ferri Abolhassan ist Geschäftsführer der T-Systems International GmbH, verantwortlich für die IT Division und Telekom Security. Er studierte von 1985 bis 1988 Informatik an der Universität des Saarlandes in Saarbrücken. Nach Abschluss des Studiums folgten Stationen bei Siemens und IBM, 1992 schließlich die Promotion. Verschiedene Führungstätigkeiten bei SAP und IDS Scheer schlossen sich an, ehe Abolhassan im September 2008 als Leiter des Bereichs Systems Integration und Mitglied der Geschäftsführung zur T-Systems International GmbH wechselte. Seit Ende 2010 führte Abolhassan den Unternehmensbereich Production, bis er 2013 die Leitung des gesamten Bereichs Delivery übernahm. Seit Januar 2015 leitet er in seiner Funktion als Geschäftsführer die IT Division von T-Systems und zeichnet verantwortlich für rund 30.000 Mitarbeiter und 6.000 Kunden. Um den wachsenden Security-Herausforderungen zu begegnen, gründet die Deutsche Telekom eine neue Organisationseinheit für Sicherheitslösungen unter der Leitung von Abolhassan. Die neue Einheit bündelt künftig alle Sicherheitsbereiche im Konzern und vermarktet die Cybersecurity-Lösungen der Telekom.

Herausforderung für IT-Betreiber

2

Andreas Zilch

IT-Betreiber – intern wie extern – stehen vor großen Herausforderungen. Immer leistungsfähigere und komplexere IT-Systeme müssen performant, verfügbar und sicher betrieben werden. Dies gelingt nur mit einem hohen Grad an Standardisierung als Grundlage und Automatisierung als Ergebnis. Erschwerend für diese Aufgabe kommt der aktuelle Technologiewandel zu Cloud Computing hinzu. Keine einfache Aufgabe, aber mit der richtigen Fokussierung und der Bereitschaft zum Wandel durchaus lösbar.

2.1 Das Cloud-Paradigma

Es gab eine Zeit, da gehörten Operator (EDV) zu einer sehr wichtigen, anerkannten und gut bezahlten Berufsgruppe – sie betrieben und warteten Großrechner im Mehrschichtbetrieb und unterstützten damit die EDV-Systeme in großen Unternehmen und Behörden. Zu ihren Aufgaben gehörten u. a. auch das Wechseln von Magnetbändern sowie das Abreißen und Sortieren von Ausdrucken auf Endlospapier. Heute kaum mehr vorstellbar, aber gar nicht so lange her.

Mit der Client-/Server-Ära änderten sich die Anforderungen drastisch – auf der Server-Seite wurden manuelle Aufgaben im Rechenzentrum durch System-Management-Software automatisiert; neue Aufgaben wie die Administration von verteilten Systemen, dazugehörigen Netzwerken, Middleware (Betriebssystem, Datenbanken, Virtualisierung …) und Applikationen (ERP, CRM, Collaboration …) traten in den Vordergrund.

Als neues, wichtiges Aufgabengebiet kam der „Client" – d. h. PCs und Notebooks – hinzu. Da diese Endgeräte relativ komplex sind und sozusagen eine „eigene Intelligenz" haben, war diese Aufgabe keinesfalls einfach und erforderte neue Arten von System-Management-Software und auch Administrator-Fähigkeiten.

In diesem „Client-/Server-Zeitalter" befinden sich heute noch viele Unternehmen, aber der Übergang zum neuen Paradigma „Cloud Computing" ist unaufhaltsam und unumkehrbar.

Die IT-Betreiber in der klassischen Client-/Server-Welt mussten also insbesondere zwei Dinge in den Griff bekommen – die zentralen Infrastrukturen und Applikationen im eigenen Data Center und die verteilten Client-Systeme, ebenfalls mit Infrastruktur- und Applikationskomponenten. Die allermeisten Unternehmen haben dies auch gut erledigt und in den letzten Jahren vorwiegend an höherer Verfügbarkeit und (Kosten-) Optimierung gearbeitet.

Die schlechte Nachricht daran ist: Diese Zeiten sind auch vorbei; denn das Cloud Computing bringt neben massiven Vorteilen auch komplett neue Technologie- und Service-Herausforderungen mit sich – und damit einhergehend neue Betriebskonzepte. Standardisierung und Automatisierung der zentralen IT-Services und -Technologien werden weiter an Bedeutung gewinnen.

Der Trend zu Cloud Computing bedeutet aber auch eine durchaus wünschenswerte „Rezentralisierung". Eine gute Nachricht hierbei ist, dass sich die Administration und der Betrieb von „Clients" in Relation wesentlich weniger komplex und aufwendig darstellen werden – die zukünftigen, zumeist mobilen Endgeräte werden hauptsächlich zentrale Applikationen darstellen und sind damit im Betrieb simpler. Somit verliert auch die zunehmende Vielfalt der Endgeräte etwas von ihrem Schrecken.

Es hilft aber anlässlich der Veränderungen durch das Cloud-Paradigma nicht, der „guten alten Zeit" und den dabei erreichten Optimierungen nachzutrauern, sondern man muss die neuen Herausforderungen begreifen und angehen. Ein intelligenter und zukunftsorientierter IT-Betreiber wird möglichst aktiv und frühzeitig dafür sorgen, dass man auch die neuen Herausforderungen versteht und damit in Zukunft einen stabilen, performanten und sicheren IT-Betrieb bereitstellt.

Das wesentliche IT-Architektur-Prinzip, welches in den nächsten zehn Jahren implementiert wird, wird „Hybrid Cloud" sein (vgl. Abb. 2.1). Gerade mittelständische und große Unternehmen haben begriffen, dass Cloud Computing für sie viele Vorteile bringt. Dabei sind sie aber nicht bereit, diesen Weg ohne die notwendige Qualität und Sicherheit zu gehen. In jedem Unternehmen gibt es Workloads, die schon heute für die Public Cloud geeignet sind, und eine Vielzahl von Systemen, die sinnvoll von externen Service-Providern im Private-Cloud-Modus betrieben werden können. Ebenso aber gibt es heute und in der vorhersehbaren Zukunft eine signifikante Zahl von IT-Systemen/Workloads, für die es sinnvoll ist, diese selbst intern zu betreiben. Das Ergebnis ist damit eine gemischte, „hybride" Cloud-Umgebung, was die Standardisierung und Automatisierung nicht gerade vereinfacht.

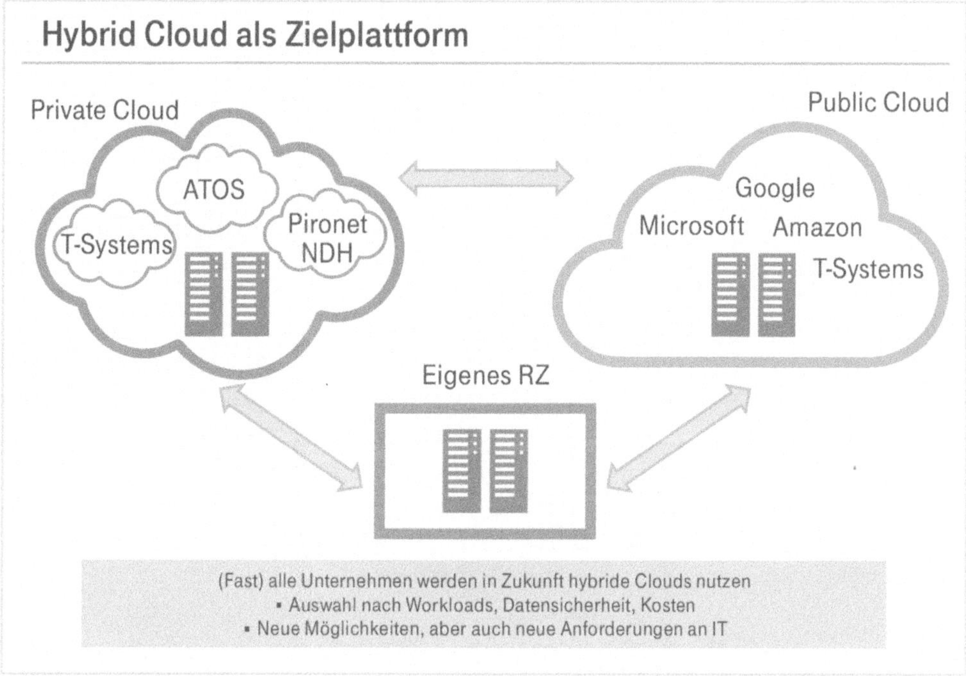

Abb. 2.1 Hybrid Cloud als Zielplattform

Hierbei muss man hinsichtlich des IT-Betriebes, der Herausforderungen und der potenziellen Lösungen insbesondere folgende Dinge verstehen:

Standardisierung

Ein wesentliches Grundprinzip von Cloud Computing ist eine weitgehende Standardisierung der Komponenten und Schnittstellen. Das gilt insbesondere für die Public Cloud, in hohem Maße für die Private Cloud (falls es sich nicht um „getarntes" Hosting handelt) und sollte in Zukunft auch für (Cloud-)Implementierungen im eigenen Rechenzentrum gelten. Aktuelle Realität ist aber, dass viele interne Systeme und Applikationen in einem unterschiedlich hohen Maße „individualisiert" sind, das heißt beispielsweise, dass Betriebssysteme und Middleware-Komponenten in einem älteren Release-Stand betrieben werden. Diese „Einzel-Anpassung" funktionierte bisher oft im Eigenbetrieb und auch im Outsourcing-/Hosting-Umfeld – aber eben nicht im neuen Cloud-Paradigma. Ein professioneller Cloud-Anbieter wird seine gesamten Systeme mit den neuesten Release-Ständen (oder allenfalls mit N-1, d. h. dem aktuellen Release-Stand und dem direkten Vorgänger-Release) betreiben und auch z. B. ohne Rückfrage die neuesten Security-Patches einspielen. Das stellt den herkömmlichen IT-Betrieb vor eine riesige Herausforderung: Das bisherige „Testen" und „Freigeben" von neuen Versionen und Release-Ständen – welches auch in der Zusammenarbeit mit dem Outsourcing-/Hosting-Provider üblich ist – entfällt in der Zukunft weitestgehend. Als Konsequenz davon muss ein vollkommen neuer Betriebsmodus gefunden werden.

Allerdings sollte auch ein positiver Nebeneffekt berücksichtigt werden: Standardisierte IT-Systeme sind in der Konsequenz einfacher und auch kostengünstiger zu betreiben. Bisher hatten wir zwar diese Erkenntnis und auch den Willen – wurden aber nicht dazu gezwungen. Dies wird sich im Cloud-Zeitalter ändern.

Integration/Automatisierung

Bisherige IT-Umgebungen bestanden aus internen Systemen, die durch verschiedene externe Services (von Systemintegration über Managed Service bis hin zum Outsourcing) ergänzt wurden. In der Zukunft wird man von hybriden (Cloud-)Umgebungen sprechen. Es kommen also neue Architekturen hinzu – die Grundanforderungen bleiben aber gleich. In den meisten Unternehmen haben sich SLAs (Service Level Agreements) zwischen dem (internen) IT-Dienstleister und den unternehmensweiten „Kunden" und oft auch externen Partnern/Kunden bereits etabliert.

Wesentliche Parameter sind dabei „Verfügbarkeit", „Leistung" und „Geschwindigkeit" – und natürlich auch der Preis der Services. Diese Parameter in einer klassischen Client-/Server-Infrastruktur zu kontrollieren und zu managen, ist durchaus komplex – aber diese Herausforderungen werden in der Zukunft noch deutlich zunehmen. Die Cloud-Angebote (Infrastructure-as-a-Service [IaaS], Platform-as-a-Service [PaaS], Software-as-a-Service [SaaS]) mögen für sich allein wegen der hohen Standardisierung und mittlerweile erreichten Reife gut zu kontrollieren sein. Die Ende-zu-Ende-SLAs in diesen gemischten Umgebungen von unterschiedlichen Lieferanten sind dafür aber umso aufwendiger zu integrieren, zu beherrschen und zu managen.

Diese Herausforderungen im Betrieb sind bei vielen Unternehmen derzeit noch gar nicht bekannt, und noch viel weniger beherrschen sie sie. Aber erst, wenn man ein solides Betriebskonzept für diese neuen, hybriden Systemlandschaften hat, kann man auch eine weitgehende Automatisierung vorantreiben, die sich in wesentlichen Punkten von bisherigen Ansätzen unterscheidet.

Zwei Beispiele seien hier genannt: Die Standardisierung sorgt für viel weniger Freiheitsgrade bei Design/Implementierung der Systeme und die „externe" Systemsteuerung durch Cloud-Service-Provider (z. B. bei Updates, Patches und neuen Releases) muss beachtet und in den automatisierten Betriebsablauf integriert werden. Dies erfordert teilweise ein komplettes Umdenken und eine Neustrukturierung wichtiger Prozesse.

2.2 Wirksamkeit und Effizienz der IT

„IT wird immer wichtiger – die IT-Abteilung wird immer unwichtiger" – so könnte man einen organisatorischen Trend der letzten Jahre beschreiben. Dass IT, gerade vor dem Hintergrund neuer Geschäftschancen durch Digitalisierung und Industrie 4.0, immer wichtiger für Unternehmen wird, bestreitet heutzutage niemand mehr. Aber auf der Risikoseite zeigt sich ein weiterer Trend: Die Abhängigkeit der Unternehmen von den eingesetzten IT-Systemen wird immer größer.

Die Analysen von Pierre Audoin Consultants (PAC) im Rahmen von Befragungen, Expertengesprächen und Projekten bei vorwiegend mittelständischen Unternehmen zeigen immer wieder, dass bei einem Totalausfall der IT die meisten Unternehmen nach drei bis vier Tagen den Geschäftsbetrieb einstellen müssen. Dies wird auch immer mehr Unternehmensverantwortlichen bewusst.

Im Gegensatz zu der Wichtigkeit von IT wird die Bedeutung der IT-Abteilung bei den meisten Unternehmen immer noch gering eingeschätzt. Oft wird man mit der Einschätzung „zu schlecht – zu langsam – zu teuer" konfrontiert. Dies ist zwar in den letzten Jahren insgesamt kontinuierlich besser geworden, allerdings droht sich die Lage mit dem aktuellen Paradigmenwechsel zu Cloud wieder zu verschlechtern.

Von der IT-Abteilung wird nicht weniger als ein sehr schwieriger Spagat gefordert – zum einen müssen die laufenden IT-Services für das Unternehmen solide, sicher und kostengünstig geleistet werden, zum anderen müssen wichtige IT-Innovationen schnell und dynamisch eingesetzt und integriert werden.

Die IT in den Unternehmen soll sich somit im besten Falle in der Zukunft potenziell in zwei Richtungen entwickeln: als interner Dienstleister, der die bestehenden IT-Services solide betreibt, und als wichtiger Business Enabler für zukünftige Innovationen durch und mit IT (vgl. Abb. 2.2).

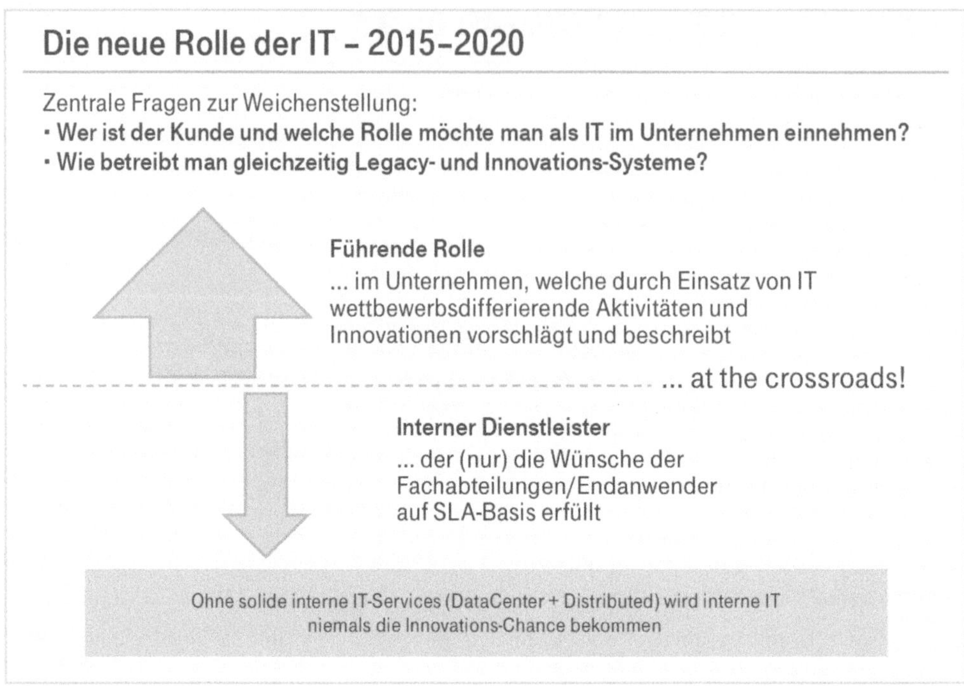

Abb. 2.2 Die neue Rolle der IT – 2015–2020

Die IT wird sich also technologisch, prozessual und organisatorisch in zwei Richtungen orientieren und entwickeln müssen und diese dann wieder zum Nutzen des Unternehmens zusammenführen. Die Wirksamkeit und Effizienz einer IT wird daran gemessen werden, wie solide und kostengünstig bestehende Kernsysteme betrieben werden und wie schnell wichtige Innovationen für das Geschäft adaptiert, integriert und in den (dynamischen) Regelbetrieb übernommen werden.

Da es sich dabei um sehr unterschiedliche Aufgabenstellungen handelt, ist auch noch nicht abschließend geklärt, welche Organisationsform hierbei die höchste Effizienz und Erfolgswahrscheinlichkeit hat. Oftmals versucht die bestehende klassische IT-Organisation die Integration von Innovationen und neuen technologischen Ansätzen quasi „neben dem Tagesgeschäft" zu realisieren und die neuen Systeme dann in den normalen Betrieb zu übernehmen. Dies scheitert allerdings in manchen Fällen, da die IT natürlich dem Betrieb des laufenden Geschäftes eine wesentlich höhere Priorität einräumt.

Daher werden IT-Innovationen häufig in den Fachabteilungen angestoßen und auch in einen gewissen Betriebsmodus übernommen. Dies ist mittlerweile relativ üblich bei

SaaS-Lösungen und funktioniert auch relativ gut, solange keine Integration oder End-to-End-SLAs notwendig sind. Langfristig führt dieses Vorgehen zu sehr heterogenen und zersplitterten IT-Services, die später in einem aufwendigen Projekt wieder konsolidiert und in einen effizienten Betrieb überführt werden müssen.

Genauso gefährlich ist es, die Implementierung von IT-Innovationen ausschließlich externen Softwareentwicklern zu überlassen. Diese sind oft sehr schnell und innovativ, berücksichtigen aber nicht oder nur wenig die zukünftigen Betriebsanforderungen. In den letzten Jahren hat es insbesondere negative Beispiele bei mobilen Applikationen gegeben, die sehr schwierig in den „normalen" Betrieb zu überführen waren.

Ein relativ neues, durchaus erfolgversprechendes Konzept ist die Herauslösung eines „Innovationsteams" aus der klassischen IT-Organisation, welches primär Projekte mit einem hohen disruptiven Innovationspotenzial übernimmt. Im Gegensatz zu den beiden vorigen Alternativen sind diese Mitarbeiter zwar auch nicht in die bestehende IT-Organisation fest eingebunden, kennen aber die Herausforderungen bei der Integration und insbesondere im Betrieb.

Der moderne Ansatz beruht darauf, dass diese Innovationsteams neue Applikationen und Systeme zusammen mit externen Dienstleistern und internen Know-how-Trägern entwickeln und dann in den Regelbetrieb übergeben. Dieses Konzept erscheint erfolgversprechend, allerdings fehlen noch belastbare Informationen zur Umsetzung in der Praxis.

2.3 Den richtigen (IT-)Partner finden

So wie interne IT-Abteilungen den Paradigmenwechsel zu Cloud und die Implikationen für den Betrieb verstehen müssen, stehen auch externe IT-Dienstleister vor dieser Herausforderung. Dabei ist grundsätzlich zwischen dem Systemintegrations-/Projektgeschäft und dem Managed-Service-/Outsourcing-Geschäft zu unterscheiden. Im Idealfall sind diese Bereiche beim Anbieter gut verzahnt und ergänzen sich.

In den beschriebenen Aufgabenfeldern wird zunächst wohl meistens ein Systemintegrator oder Softwareentwickler zum Einsatz kommen, der die Aufgabenstellung mit geeigneten Methoden und Softwaretools angeht. Diese Anbieter denken oft nur an die geforderten Projektergebnisse und wenig an den späteren Betrieb. Beim SI-/Projektgeschäft ist es daher sehr wichtig, den richtigen Partner für die eigene Aufgabenstellung und das zu erreichende Ziel zu finden. Viele Anbieter und insbesondere auch deren Mitarbeiter sind noch sehr stark den „alten" Architekturen und Modellen verhaftet.

Diese können sie integrieren und optimieren, auch Methoden zur Standardisierung und Automatisierung von „klassischen" Umgebungen sind zumindest bekannt. Automatisierung von Cloud-Ansätzen mit neuen Betriebsmodellen gehört aber nicht unbedingt zu deren Stärke. Daher muss ein Kunde zunächst herausfinden, ob der Anbieter selbst diesen Paradigmenwechsel verstanden und entsprechende Methoden und Prozesse – auch bei sich selbst – implementiert hat. Der zusätzlich schwierige Teil ist dann, die richtigen Mitarbeiter – mit der richtigen Einstellung und Erfahrung – beim Anbieter zu finden.

Die Situation bei Managed Service/Outsourcing stellt sich etwas anders und grundsätzlich durchaus besser dar. Obwohl viele bestehende Verträge noch klassischen Ansätzen folgen und daher mehr auf „Individualisierung" als auf „Standardisierung/Automatisierung" basieren, hat sich die grundsätzliche Ausrichtung in den letzten Jahren massiv gewandelt. Dies hat zwei gewichtige Gründe: Die Service-Provider (und auch Kunden) haben erkannt, dass sich die mit Outsourcing angestrebten Kostenvorteile nur durch massive Initiativen in Standardisierung und Automatisierung erzielen lassen. Die Service-Provider selbst haben ihre eigenen Back-End-Infrastrukturen auf Cloud umgebaut und sind auch bereit, diese einzusetzen.

Dies bedeutet, dass einige professionelle Service-Provider ein hohes eigenes Interesse haben, den Weg in die Zukunft gemeinsam mit ihren Kunden zu gehen, was eine gute Voraussetzung für eine partnerschaftliche Zusammenarbeit ist.

Hier gilt es, den richtigen IT-Dienstleister zu finden und dann eine wirklich gemeinsame Strategie zu entwickeln, zu vereinbaren und konsequent zu verfolgen.

2.4 Standortbestimmung

Am Anfang einer erfolgreichen Strategie und entsprechender Initiativen steht eine ehrliche und offene Standortbestimmung. Dabei müssen sowohl die Business-Ziele und Zukunftspläne des Unternehmens als auch die Situation der IT betrachtet werden. Daraus können dann Optionen für die zukünftige Zusammenarbeit und Unterstützung („Business/IT-Alignment") und entsprechende Optimierungen entwickelt werden.

Wichtigkeit der IT für den Geschäftserfolg des Unternehmens

Zu Beginn dieses Prozesses sollte auch geklärt werden, wie wichtig IT für das Unternehmen ist und welchen Einfluss sie auf den derzeitigen und insbesondere auch zukünftigen Geschäftserfolg hat.

Es gibt weiterhin – wenn auch wenige – Unternehmen, bei denen IT allenfalls eine unterstützende, relativ unbedeutende Rolle spielt und primär als Kostenfaktor gesehen wird. Hier agiert die IT auch zumeist sehr statisch. Falls aus Sicht der Verantwortlichen auch unter Berücksichtigung der Branchenentwicklung keine Veränderung absehbar ist, sollte der Status quo der IT in diesen Unternehmen ausschließlich bzgl. der Kosten optimiert werden. Dies führt dann zu einer sehr kostengünstigen (< 0,5 Prozent IT-Ausgaben vom Umsatz), aber auch langfristig starren IT-Implementierung.

Für die allermeisten Unternehmen wird dies allerdings der falsche Weg sein. Ein Ergebnis der Standortbestimmung wird sein, dass das Unternehmen schon heute stark von IT abhängt und sich diese Entwicklung – insbesondere im (globalen) Wettbewerb – noch deutlich verstärken wird.

Ein gutes Beispiel für diese Entwicklung sind (mittelständische) Speditionen. Vor fünf bis acht Jahren hatte IT eine rein unterstützende Rolle. Bei den Logistik-Kernprozessen wurde IT eingesetzt, aber „notfalls" hätte man diese Prozesse auch ohne IT durchführen können.

Dies hat sich jetzt grundlegend gewandelt, wobei dies sowohl positive als auch negative Implikationen hat. Ohne IT sind Speditionen einerseits nicht überlebensfähig – falls die IT ausfällt, können keine LKWs mehr abgefertigt werden –, das Unternehmen kommt kurzfristig zum Erliegen und muss seine Geschäftstätigkeit einstellen. Andererseits eröffnen IT und aktuelle technologische Entwicklungen (Industrie 4.0, IoT, Big Data Analytics …) ganz neue, informationsgetriebene Geschäftsmodelle.

Eine solche oder ähnliche Analyse im Rahmen der Standortbestimmung führt natürlich dazu, die Wichtigkeit von IT für das Unternehmen und die Geschäftsprozesse sehr hoch einzuschätzen. In dieser Situation steht dann auch nicht mehr die starre Optimierung der IT-Kosten im Vordergrund, sondern vielmehr die Schaffung einer dynamischen IT zur Entwicklung innovativer und erfolgreicher zukünftiger Geschäftsmöglichkeiten.

Wenn die Wichtigkeit der IT für das Unternehmen geklärt und auch von allen Stakeholdern tatsächlich verstanden ist, steht als Nächstes die Analyse der IT-Abteilung und der IT-Services selbst an.

Wenn man davon ausgeht, dass IT als wichtig erkannt wurde und deren Bedeutung in den nächsten Jahren auch weiterhin zunimmt, sind nach PAC-Erfahrung und -Abschätzung ca. 75 bis 80 Prozent aller mittelständischen und großen Unternehmen in unterschiedlichem Grad betroffen.

Reife der IT für die neuen Szenarien

Als Erstes stellt sich die Frage, ob die aktuelle IT für dieses Szenario vorbereitet ist und ob sie damit die Zukunftsentwicklung des Unternehmens wirkungsvoll positiv unterstützen kann. Aus vielfältiger Erfahrung kann an dieser Stelle ein klares Statement gegeben werden: Nur wenige IT-Abteilungen haben diesen Status und die wenigsten werden die notwendige Entwicklung aus eigener Kraft vollziehen können.

Bei der Standortbestimmung sollten die Schwächen und auch Stärken der aktuellen IT transparent und offen dargestellt werden. Zumeist werden aus der Vergangenheit die Aspekte Verfügbarkeit/Robustheit und Kosteneffizienz bestehender IT-Systeme und -Services hoch priorisiert worden sein. Somit werden auch ein „solider, effizienter und kostengünstiger" IT-Betrieb und die Bereitstellung entsprechender IT-Services mehr oder weniger erreicht worden sein. Andererseits gehören bei den meisten IT-Abteilungen Dynamik und schnelle Bereitstellung neuer IT-Services nicht zu den Stärken bzw. deren Fehlen ganz klar zu den identifizierten Schwächen.

Wenn man bei der Standortbestimmung an diesen Punkt gelangt ist – Wichtigkeit der IT nimmt zu und aktuelle IT ist sehr starr – und dazu die Potenziale durch neue IT-Technologien berücksichtigt, wird man schnell den notwendigen Änderungsbedarf erkennen.

Diesen zu realisieren wird aber nicht besonders einfach sein. Schön wäre es, auf der „grünen Wiese" anzufangen und ausschließlich neue Technologien und Innovationen zu implementieren. Da aber in der Praxis zumeist Legacy-Systeme, Applikationen und Prozesse zumindest berücksichtigt und in den meisten Fällen sogar eingebunden werden müssen, wird die Aufgabe ungleich schwerer.

Und eine weitere Warnung sei an dieser Stelle klar artikuliert: Viele Marktteilnehmer glauben, dass allein die Installation neuer Technologien der Schlüssel zum Erfolg sein wird. Dies greift aber wesentlich zu kurz, da die neuen Betriebsformen ebenfalls erfolgskritisch sind. Neue Technologien mit alten Betriebsmodellen zu betreiben, wird nicht zum Erfolg führen bzw. das Gegenteil erreichen.

2.5 Optimierungsziele

Eine Optimierung in zwei Richtungen, die sich teilweise widersprechen, ist keine leichte Aufgabe – aber genau vor dieser steht die Unternehmens-IT aktuell und in Zukunft. Konkret geht es darum, die bestehenden Systeme und Services stabil und kostengünstig zu betreiben und gleichzeitig neue und agile Plattformen beispielsweise für Innovationen zu schaffen.

Dies wird man auch in Zukunft nur erreichen, wenn Standardisierung und Automatisierung weiterhin Prämissen für den IT-Betrieb bleiben.

Eine spannende Frage ist dabei, ob die Gesamtoptimierung in einem gemeinsamen System realisiert werden kann oder ob die Systeme bzgl. Zielen, Prozessen, Technologien und Skills getrennt werden müssen.

Die aktuelle Tendenz ist, dass die Unterschiedlichkeit der Aufgabenstellungen und auch der Basis-Umgebungen dazu führt, dass hier zwei unterschiedliche Systemumgebungen geschaffen werden müssen. Das Zukunftsziel ist, diese Umgebungen wieder „unter einem Dach" zu konsolidieren und zu betreiben. Bis dahin darf aber auch die wichtige Integrationsaufgabe nicht vernachlässigt werden.

Die Optimierungsziele der bestehenden „Legacy-Systeme" sind klar erkannt und teilweise auch schon umgesetzt:

- Portfolio-Management der existierenden unterstützten Business-Prozesse und der dabei eingesetzten Applikationen und IT-Systeme – klare und realistische Analyse der Wichtigkeit und der Business-Anforderungen an die Systeme und daraus Ableitung der technologischen und betrieblichen Anforderungen
- Kontinuierliche Überprüfung der Systeme mit dem Ziel, wenig oder gar nicht genutzte Systeme zu konsolidieren oder komplett abzuschalten
- Technologische Konsolidierung der Systeme mit Virtualisierung und somit Freisetzung ungenutzter Ressourcen und Dynamisierung
- Konsequente Standardisierung der Systeme und Schnittstellen – und damit Schaffung der Voraussetzung für weitgehende Automatisierung
- Ausschöpfung aller möglichen Automatisierungspotenziale und damit Schaffung eines kostenoptimierten IT-Betriebes

Diese Optimierungsziele existieren schon lange – nicht nur bei der internen IT, sondern insbesondere auch bei Outsourcing-Service-Providern. Allerdings wurde die Optimierung bisher nicht konsequent genug durchgeführt – teilweise fehlte der Druck, neue Anforderungen kamen dazwischen oder es fehlte an Ressourcen und Budgets. Es war immer leichter, mit nicht optimierten, aber stabilen Systemen zu leben als die Konsequenzen einer radikalen Optimierung und der damit notwendigen Veränderungen zu tragen.

Das Aufkommen der Cloud-Technologien und -Services hat hier einiges geändert. Es ist sehr transparent geworden, dass die positiven Effekte nur durch konsequente Standardisierung und Automatisierung zu erzielen sind – die Hyperscaler haben hier ein sehr gutes Praxisbeispiel gegeben.

Solche voll standardisierten und automatisierten DataCenter (Systeme und Prozesse) können sicher kein Designziel für bestehende IT-Umgebungen sein, geben aber deutlich die Richtung vor.

Neben der konsequenten Weiterentwicklung und Optimierung der bestehenden Strukturen haben wir für neue Prozesse, Applikationen und Systeme auch die Chance, komplett neue Wege einzuschlagen. Hier können auch die Prioritäten für die Optimierung durchaus anders sein:

- Konsequente Ableitung „neuer“ IT-Systeme aus der Business-Strategie und den Business-Prozessen
- Design-Prinzip der „dynamischen Plattformen“ im Gegensatz zu „monolithischen Systemen“
- Design und Realisierung agiler und dynamischer Systeme – durchgängig von der Applikationsentwicklung bis zum Betrieb und Change Management
- Drastische Anpassung der Release-Zyklen – z. B. von „drei Release-Wechseln im Jahr“ hin zu „täglichen/wöchentlichen Release-Wechseln“
- Nachhaltige Standardisierung der Systeme und Schnittstellen – und damit Schaffung der Voraussetzung für „einfache“ Veränderungen und Anpassungen
- Konsequente Ausschöpfung der Automatisierungspotenziale und damit Schaffung von Voraussetzung eines kostengünstigen IT-Betriebes

Ein Weg in diese „neue Welt“ wird aktuell unter dem Begriff DevOps diskutiert. PAC versteht unter DevOps die enge Zusammenarbeit zwischen der Lösungsentwicklung (Development/Applikationsentwicklung) und dem Betrieb (Operations/IT-Betrieb) beziehungsweise der Administration der Lösung, um dynamische und effektiv betreibbare Systeme zu schaffen.

Die Zusammenarbeit zwischen Applikationsentwicklung und Betrieb gab es natürlich schon immer, doch verlief sie zumeist nicht reibungslos. Für die neu entwickelte Anwendung oder die Lösungserweiterung wurde erst spät über die erforderliche Betriebsumgebung, die notwendige Anwendungsintegration sowie auch die organisatorischen Aspekte des Anwendungsbetriebs nachgedacht.

Dabei steht hier nicht die Implementierung paketierter Standardsoftware, sondern primär die Individualentwicklungen und -anpassungen, deren Inbetriebnahme sowie das begleitende Lebenszyklus-Management im Vordergrund.

Vor dem Hintergrund immer kürzerer Innovationszyklen bei den Geschäftsprozessen und in der Anwendungsentwicklung führen Reibungsverluste zwischen Entwicklung und Betrieb zu höheren Kosten, verzögerter Verfügbarkeit der Lösung, gegebenenfalls Qualitätsproblemen sowie Unzufriedenheit auf der Kundenseite. Diese Defizite darf man sich in der „neuen Welt" nicht leisten.

Erschwerend kommt hier die anbrechende Ära der kontinuierlichen Weiterentwicklung von Standardsoftware hinzu, bei der es kein Major-Release im Drei-Jahres-Rhythmus gibt, sondern inkrementelle Neuerungen in monatlichen Zyklen.

Folgende drei Thesen beschreiben daher die Optimierungsziele:

- Um den stetig steigenden Anforderungen des Marktes gerecht zu werden, sind Unternehmen auf die kontinuierliche Weiterentwicklung ihrer Prozesse und Applikationen angewiesen. Das Testen, Ausrollen und Betreiben neuer Software muss mit den Innovationszyklen Schritt halten können.
- DevOps soll die Bruchstellen zwischen Anwendungsentwicklung und IT-Betrieb überwinden und damit Software schneller, fehlerfreier verfügbar und betreibbar machen.
- DevOps erfolgreich einzuführen bedeutet, Werkzeuge und Konzepte für Entwicklung, Test, Monitoring, Konfiguration und Infrastruktur-Automatisierung in der IT-Organisation zu etablieren.

2.6 Fazit

Es zeigt sich also, dass IT-Betreiber – ob intern oder extern – vor erheblichen Herausforderungen stehen. Hier befinden wir uns mitten im Übergang zum dritten IT-Paradigma – Cloud-Technologien und -Services – und damit zu zukunftsfähigen, Cloud-basierten Infrastrukturen. Zudem wird IT immer wichtiger für die Unternehmen, und Business-/IT-Trends wie Industrie 4.0 und Internet of Things (IoT) sorgen für neue Chancen, aber auch erheblichen Handlungsdruck.

IT-Betreiber müssen sich dabei auch der zwei Arten von IT-Betrieb bewusst sein – „Legacy" und „Innovation". Bei unterschiedlichen Herausforderungen sind hier auch die eingesetzten Methoden, Prozesse, Technologien und Skills durchaus unterschiedlich.

Schließlich müssen IT-Service-Provider nicht nur ihre eigenen Systeme entsprechend ausrichten, sondern insbesondere ihren Kunden mit Best Practices und Erfahrung bei der Migration und Transition helfen. Mit einer einfachen Übernahme der Kundensysteme und einem Weiterbetrieb wird es in Zukunft nicht möglich sein, die Ziele bei Ressourceneinsatz, Dynamik und Kosten zu erreichen.

In der zukünftigen neuen Welt wird Hybrid Cloud die Zielarchitektur für moderne IT-Infrastrukturen sein und das Management und die Orchestrierung dieser gemischten Systeme eine große Herausforderung.

Autor

Andreas Zilch ist studierter Wirtschaftsingenieur und Mathematisch-Technischer Assistent und kann auf 30 Jahre Erfahrung im IT-Markt zurückblicken. Als Analyst, Berater und Advisor bekleidete er verschiedene Positionen bei IDC, der META Group und Techconsult und gründete vor zehn Jahren die Experton Group, wo er Vorstand und Lead Advisor war. In seiner aktuellen Position als Lead Advisor & Senior Vice President berät er bei PAC insbesondere mittelständische und große Anwenderunternehmen bei der Bewertung von Marktentwicklungen und der praktischen Nutzung von IT-Innovationen.

Standardisierung als erster Schritt in die Einfachheit

3

Magnus Greuling, Michael Pauly, Ludger Vogt

3.1 Die Situation: gewachsene IT-Strukturen

Die Nutzung von IT für Unternehmensprozesse ist längst an jedem Office-Arbeitsplatz ein Hygienefaktor, aber auch in der Produktion spielen IT-Systeme eine entscheidende Rolle. Nur ein minimaler Prozentsatz der Werktätigen kommt noch komplett ohne IT aus. In letzter Zeit sind es vermehrt mobile Services, die Unternehmen immer stärker durchdringen und eine sichere, skalierbare und zuverlässige IT-Basis benötigen. Die Entwicklung des Business in den vergangenen Jahren und die damit verbundene jahrzehntelange Einführung neuer Lösungen auf neuer technologischer Basis bedeuten aber auch, dass Technik und Managementprozesse historisch gewachsen sind, und zwar nicht immer einheitlich und konsequent in eine Richtung.

IT-Verantwortliche sehen sich heute komplexen IT-Landschaften gegenüber und haben die – nicht immer simple – Aufgabe, diese nicht nur am Laufen zu halten und zu modernisieren, sondern auch entlang der Business-Notwendigkeiten weiterzuentwickeln.

Typischerweise managt die IT Hunderte von „Rechenzentren" mit Tausenden von Servern und noch mehr Applikationen. Viele sogenannte Rechenzentren sind Serverräume, die nicht einmal ein Mindestmaß an Ausfallsicherheit besitzen. Ressourcen, Infrastruktur und Applikationen sind verteilt über verschiedene Kontinente, Applikationen zeigen unterschiedlichste Release-Stände. Zu einem erheblichen Anteil besteht die Applikationslandschaft aus spezifisch angepassten oder gar eigenentwickelten Anwendungen auf Basis unterschiedlichster Technologien; die Hardware ähnelt einem Potpourri von Maschinen verschiedener IT-Zeitalter: Bladeserver, Workstations, Mainframes mit einem Zoo von Betriebssystemen; Datenbanken und Netze bieten oftmals eine geradezu museale Leistungsschau der letzten Dekade.

Der Grund dafür: Spezifische Server und Datenbanken für beispielsweise landesspezifische Fleet-Management-, Zeiterfassungs- oder Financial-Report-Lösungen sind Unternehmensalltag. Erfahrungen zeigen, dass diese – jeweils großzügig auf Maximallast dimensionierten Systeme – in der Realität durchschnittliche Auslastungen von etwa 5 Prozent haben und selbst in Spitzenlastzeiten nur etwa 30 Prozent der theoretisch verfügbaren Kapazität nutzen. Kein Wunder, dass in solchen Situationen durch Standardisierung und folgende Konsolidierung Effizienzgewinne von bis zu 50 Prozent erzielt werden.

Zu der Mannigfaltigkeit von Hardware und Software gesellen sich noch entsprechend komplexe Managementprozesse rund um diese IT. Und entsprechend hoch sind in dieser Situation auch die Budgets für den reinen Betrieb der IT-Systeme. Analysten finden hier einmal mehr ein Beispiel für die berühmte Pareto-Formel: 80 Prozent der IT-Ausgaben werden vom laufenden Betrieb vereinnahmt, 20 Prozent stehen für Weiterentwicklung und Innovation bereit.

Das ist aber nur der Teil des IT-Kuchens, den die IT-Verantwortlichen kennen und managen. Nicht überall herrscht Transparenz über den aktuellen Stand aller Systeme bzw. kennen Verantwortliche alle (von ihnen) gemanagten (oder eben nicht gemanagten) Assets und deren Konfigurationen.

Dazu kommen noch Applikationen und Infrastruktur-Komponenten, die Fachbereiche selber managen, oder Services, die sie an der IT vorbei nutzen. Schätzungen zufolge werden in Fachabteilungen – zusätzlich zum Budget der IT – weitere 40 Prozent für IT ausgegeben. Nur acht Prozent der CIOs wissen, wie viel an Schatten-IT sie innerhalb ihres Corporate Network beherbergen (vgl. Hülsbömer 2015). Und das Zeitalter der Cloud macht externe Services einfach und komfortabel verfügbar, die dann – bei bestem Willen aller Beteiligten – in die unternehmenseigene IT-Landschaft integriert werden müssen. Damit erreicht die Komplexität ein abermals höheres Niveau.

Für gewachsene Landschaften bedeutet dies: Bei jeder Änderung des Systems muss zuvor eine End-to-End-Betrachtung der Auswirkungen erfolgen. Dadurch steigen die Kosten; die Laufzeiten der Projekte wie auch die „Time to Market" verlängern sich. Die IT erscheint damit mehr als Behinderer denn als „Enabler".

3.2 Standardisieren – warum?

Die hohe Komplexität erzeugt bisweilen nicht nur graue Haare bei den Verantwortlichen, sondern auch hohe Personalaufwände und Kosten. Je differenzierter die IT-

Landschaft, desto höher der Aufwand. Aber mit dem Management des Status quo ist das Portfolio der Anforderungen an die IT noch nicht am Ende: Die Fachbereiche bleiben nicht stehen und haben Pläne, wie sie das Unternehmen im Wettbewerb platzieren und nach vorne bringen wollen. Neue Geschäftsideen und Geschäftsmodelle sollen schnell realisiert werden. Und die IT soll dazu ebenso schnell ihren Teil beitragen. Die IT-Abteilungen sehen sich unter dem Strich multiplen Ansprüchen gegenüber, bei denen die Latte der Anforderungen kontinuierlich nach oben gelegt wird.

Die grundlegende Antwort auf diese Herausforderungen ist der Schritt in die Standardisierung. Die Standardisierung der IT und ihrer Komponenten führt zu einer Vereinfachung von Technik und deren Management. Es müssen nicht mehr Prozesse und Know-how für jeden Spezialfall vorgehalten werden.

Einen großen Teil der Managementaufgaben können IT-Systeme übernehmen. Durch den Fokus auf bestimmte Technologien und Managementprozesse sinken Kosten und Komplexität, die Effizienz steigt. Damit werden wieder IT-Budgets für Innovation frei. Der Betrieb auf standardisierten Plattformen gibt dann den IT-Verantwortlichen die Option, sich darauf zu konzentrieren, die darüber existierende Applikationslandschaft zu sortieren.

Unternehmen brauchen dazu zunächst eine Standardisierungsstrategie, die dem Unternehmen ein Maximum an Flexibilität bietet für die zukünftige Entwicklung in Richtung dynamischer IT-Modelle.

3.3 Dynamische IT braucht ein Standardfundament

Die Frage nach dem Sinn von Standardisierung ist zugleich die Frage nach dem Erfolg der Cloud. Cloud Computing kennzeichnet eine dynamische Bereitstellung von IT-Ressourcen. Die Cloud repräsentiert aber auch den optimalen Kompromiss zwischen IT-Anbieter und IT-Nutzer: Auf der einen Seite erhält der Nutzer bisher ungekannte Möglichkeiten für den Einsatz von IT-Ressourcen im Business-Umfeld, nicht nur hinsichtlich der Menge und der Geschwindigkeit der Bereitstellung (Dynamik), sondern auch im Hinblick auf die Art des Einsatzes (Flexibilität). Und das bei minimalem Investment, also minimalem Risiko, denn Leistungen werden bedarfsgerecht im Pay-as-you-go-Modus abgerechnet.

Häufig wird in der Diskussion um die Cloud aber die andere Seite der Medaille ausgeblendet: Cloud ist nämlich nur dann Cloud, wenn die Leistungen auch nach Cloud-Prinzipien produziert werden – und nicht nur ein Cloud-Label gegenüber dem Kunden erhalten. Geschäftsmodelle, die diesen Parameter nicht berücksichtigen, werden über kurz oder lang nicht wettbewerbsfähig sein.

Der Erfolg der Cloud rührt also auch daher, dass IT-Anbieter ihre Leistungen hocheffizient produzieren, unnötige Aufwände jeglicher Art vermeiden und so die Kosten dramatisch reduzieren. Das wiederum geht nur, wenn die eingesetzten IT-Plattformen, auf denen Cloud-Leistungen produziert und angeboten werden, einfach sind. Gleichartige Hardware, wenige, klare, eindeutige Prozesse im IT-Management, hoher Automatisierungsgrad. Die Industrialisierung der IT fußt damit letztlich auf der Standardisierung. Wer eine effiziente IT will, die den Anforderungen digitaler Geschäftsprozesse gewachsen ist, der braucht das Fundament von Standards.

3.4 Allgemeine und interne Standards

Wenn Unternehmen – egal ob IT-Anwender oder IT-Anbieter – Standards diskutieren, dann meinen sie in erster Linie „ihre" Standards. Es dreht sich zunächst um ein hausinternes Fundament oder Rahmenwerk, das verbindlich wird für die Aufstellung der IT und der sie managenden Prozesse. Bei der Ausgestaltung der Standards greift das Unternehmen dann aber in gewissem Umfang auf existierende allgemeine Standards oder aber die eines Dienstleisters zurück (beide können durchaus große Schnittmengen miteinander haben).

In den gut 60 Jahren der Geschichte des Rechenzentrumsbetriebs hat sich eine Fülle allgemeiner Standards und De-facto-Standards herauskristallisiert, die nicht nur das Zusammenspiel technischer Komponenten regeln, sondern auch Betriebsprozesse auf ein einheitliches Fundament stellen. Mit Abstand die prominenteste Sammlung von IT-Servicemanagement-Prozessen findet sich in der IT Infrastructure Library (ITIL), die sich größtenteils in der ISO/IEC 20000 widerspiegelt. Spezifische Vorschriften für Sicherheit (ISO/IEC 27001), Klassifizierung der Gesamtverfügbarkeit (Tier 1–4) und die BSI-Grundschutzverordnung ergänzen die Palette der Normen.

Diese allgemein über Audits zertifizierbaren Servicemanagement-Prozesse sind eine unabdingbare Basis, bilden aber keineswegs ein Alleinstellungsmerkmal. Sie kennzeichnen lediglich das Vorhandensein existenzieller Standards. Erst die firmeninternen Tools, Prozesse, Verfahrensanweisungen und die organisatorische Umsetzung machen den Unterschied im Service und erzeugen Qualität. Dieses Zusammenwirken lässt sich entlang zweier Achsen darstellen: Eine Achse kennzeichnet allgemeine und spezifische interne Standards, die andere Betriebs-/Managementprozesse und Technik (vgl. Abb. 3.1).

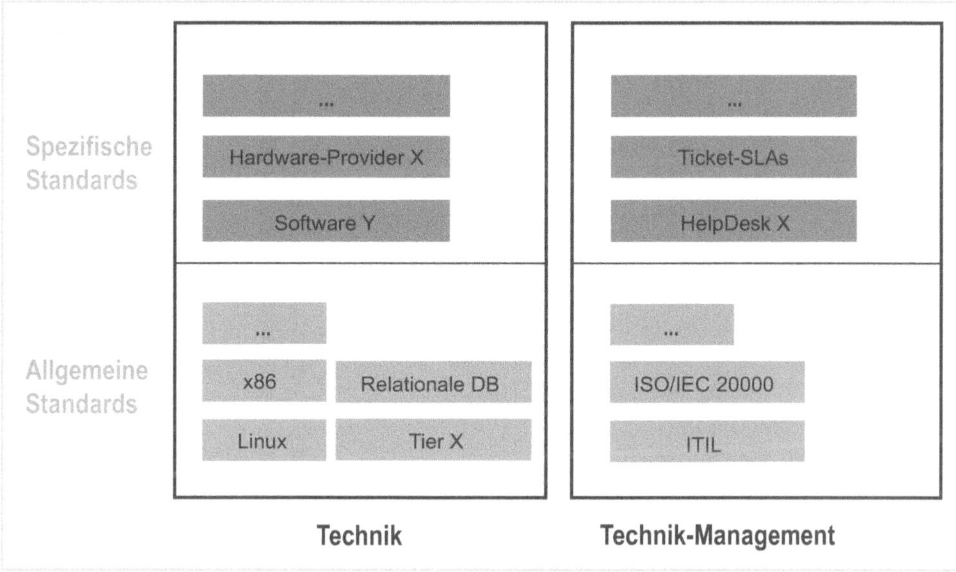

Abb. 3.1 Hauseigene Standards setzen auf Basisstandards auf – Beispiele

3.5 Beispiel Tankstellenkette

Diese Zweiteilung der Standards lässt sich an einem Beispiel illustrieren: Für den Betrieb einer Tankstellenkette sind nicht nur Netzanbindung an die einzelnen Tankstellen, sondern auch Software für Warenwirtschafts- und Kassensysteme notwendig. Software managt auch die Ausspielung der aktuellen Benzinpreise und die Steuerung der Zapfsäulen. Je nach Alter der Tankstellen ergibt sich so im Laufe der Zeit aus zentraler Perspektive des Konzerns ein technischer Flickenteppich. Und zwar nicht nur im Front-End bei den Tankstellen. Auch im zentralen Back-End existiert ein Pool verschiedener Hardwareressourcen an unterschiedlichen Lokationen, die autonom voneinander agieren.

Im Zuge eines Standardisierungsprojekts werden Hardware und Software vereinheitlicht. Dazu muss entweder hausintern ein neuer Standard definiert werden oder aber das Unternehmen entscheidet sich, auf die Standardplattform eines externen IT-Anbieters umzuziehen. Auf der neuen Plattform werden die verschiedenen Applikationen zentral vorgehalten und einheitlich gemanagt. Während der Kunde die Infrastruktur-Plattform des Anbieters als Standard akzeptiert, wird er bei der Auswahl der Software die Lösung wählen, die seine Unternehmensstrategie optimal unterstützt – möglicherweise mit einem Customizing.

Der Kunde entscheidet sich für einen hausinternen Standard, der sich an seinen Business-Notwendigkeiten orientiert. Verfolgt die Tankstellenkette beispielsweise eine Niedrigpreis-Strategie, muss die IT dafür sorgen, dass stets aktuelle Daten vom Markt vorliegen und die Tankstellen schnell ihre Preise anpassen können. Ist die Tankstellenkette aber ein Premiumanbieter, der mit seinen Zusatzdiensten – beispielsweise einer großen Warenpalette – punkten will, muss das Warenwirtschaftssystem Transparenz über den Vor-Ort-Warenbestand verschaffen und eine reibungslose Logistik für die Lieferung neuer Waren unterstützen. Beide Strategien können auf derselben Infrastruktur-Plattform realisiert werden. Sie wäre damit ein gemeinsamer Standard (vom IT-Provider gesetzt); die höherwertigen Applikationen sind hausinterne Standards, die das Geschäftsmodell des jeweiligen Unternehmens widerspiegeln. Standards sind damit immer eine Frage des Blickwinkels.

3.6 Make or Buy – IT-Strategie stellt die Weichen

Die firmenspezifische IT-Strategie gibt den Entwicklungspfad der Standardisierung vor. Beim Inhouse-Ansatz entscheiden sich Unternehmen für den Einsatz einer bestimmten Technologie (z. B. x86) und Architektur, um ihre Betriebsplattformen aufzubauen. Dazu gehören passende Vorgaben für den Pool an möglichen Lieferanten (z. B. Dual-Vendor-Strategie), aber auch die passende Dimensionierung der Kapazitäten, um Investitionen zu optimieren und dennoch für zusätzliche Kapazitätsanfragen gerüstet zu sein.

Alternativ kann die IT-Strategie aber auch eine Konzentration auf die höheren Ebenen der IT-Wertschöpfung vorsehen, wie Applikationsstrategie, -management und -entwicklung – mit der Konsequenz, dass darunter liegende Leistungen, wie im Beispiel beschrieben, als Komplettservice bedarfsgerecht eingekauft und genutzt werden. Der Aufbau einer eigenen IT-Plattform (beispielsweise einer Private Cloud) ist dann nicht nötig, sondern nur die Wahl der passenden Plattform am Markt.

Auch wenn Standardisierung operativ auf der Infrastruktur-Ebene beginnt, so ist es doch entscheidend, dass Unternehmen „vom Business her denken". Die Standardisierungsstrategie wird dann als Derivat der IT-Strategie indirekte Folge der Business-Strategie. Am Anfang steht die Erfassung der Business-Ziele und -Kapazitäten sowie der Geschäftsmodelle, die das Unternehmen anbietet oder zukünftig anbieten will. Die zugehörigen Business-Prozesse werden auf Optimierungspotenziale hin analysiert. Im nächsten Schritt werden die unterstützenden IT-Prozesse und -Tools (Services) untersucht. Hier beginnt die inhaltliche Auseinandersetzung damit, ob Organisation und Prozesse den Vorgaben der IT-Werkzeuge folgen oder – vice versa – die Software den

Prozessen angepasst wird. Damit wird die zentrale Frage der Standardisierung erörtert: Welche Wertschöpfungstiefe bietet der jeweilige Prozess, sodass eine spezifische Lösung (mit entsprechendem nachfolgenden Pflegeaufwand) angemessen ist?

Über Basis-Services, die jedes Unternehmen braucht – und die damit per se für eine Standardisierung infrage kommen – gelangt das Unternehmen auf die Ebene de facto standardisierter Infrastrukturmodule. Natürlich kann ein Unternehmen auch entscheiden, seine IT-Infrastrukturen in konsequenter Ableitung von Business-Notwendigkeiten nicht zu standardisieren. Aber in der Regel kann – technisch betrachtet – der Löwenanteil der im Unternehmen betriebenen Applikationen auf standardisierten Plattformen betrieben werden – mit den entsprechenden positiven Konsequenzen für Kosten, Personalaufwände und Innovationsperspektiven.

Abbildung 3.2 bietet einen Überblick über das Vorgehen bei der Erstellung einer solchen Standardisierungsstrategie. Bei diesem ganzheitlichen Verfahren werden nicht nur Strategie und Technik, sondern auch Prozesse, Organisation und Mitarbeiter berücksichtigt, denn Auswirkungen einer Komponente haben immer Auswirkungen auf die jeweils anderen. Zuerst werden die Notwendigkeiten und die Aufstellung des Business analysiert (inklusive der Geschäftsprozesse). Die dafür (und für die Prozessunterstützung) notwendigen IT-Services folgen im zweiten Schritt. Hier wird auch bewertet, welchen Wertbeitrag die einzelnen Services zum Geschäftserfolg beitragen. Im dritten Schritt kann nun die ICT-Infrastruktur als optimaler Kompromiss aus Leistungsfähigkeit, Entwicklungspotenzial und Kostenvorteilen aufgebaut werden.

Der technische Blick jedoch – das zeigen IT-Projekte immer wieder – ist nicht ausreichend. So sinnvoll und wirtschaftlich vernünftig technische Konsolidierungen sind, so schwierig ist deren reale Umsetzung. Immer noch herrscht an vielen Orten eine stark ausgeprägte „Bereichsdenke“ vor, die sich als gewaltige Hürde für Standardisierungsprojekte herausstellen kann. Unternehmen, die den Standardisierungspfad einschlagen, werden also nicht umhinkommen, in einem Top-down-Ansatz zuerst das Management-Buy-in sicherzustellen, um das Standardisierungsprojekt erfolgreich zu gestalten.

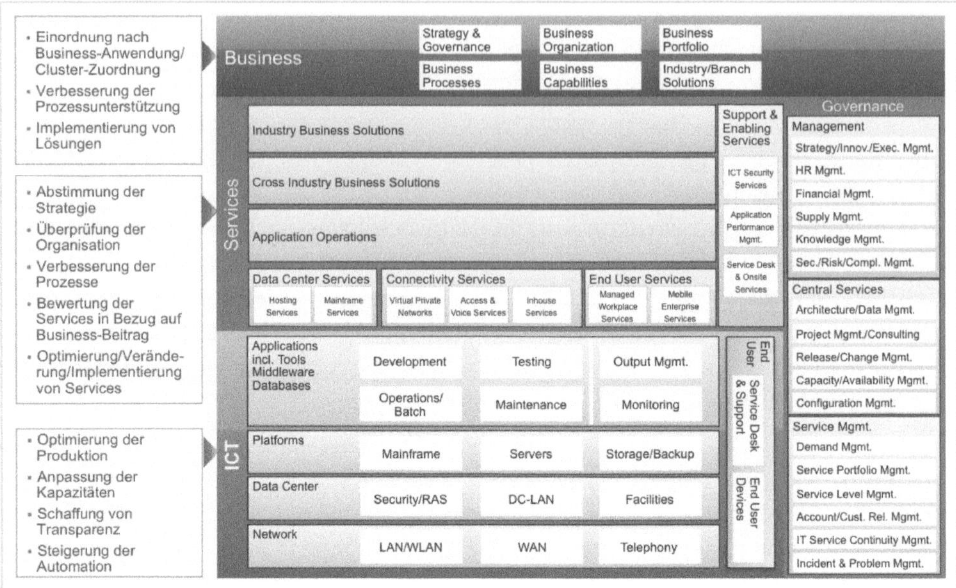

Abb. 3.2 BIS-Modell für Ableitung der Standardisierung von Business-Zielen

3.7 Unterschiedliche Ausgangssituationen: Neuaufbau oder Transformation?

Was sich auf dem Papier so einfach liest, ist in der Realität komplexer. Werden Rechenzentren oder IT-Plattformen nicht komplett neu aufgebaut, so gilt es, im Rahmen der Standardisierung die existenten Services von ihren angestammten Plattformen aus dem laufenden Betrieb auf die neue(n) Plattform(en) zu überführen.

Mit etablierten Migrationsverfahren lassen sich jedoch solch große, stark diversifizierte Applikationslandschaften sicher und vergleichsweise einfach auf standardisierte Plattformen überführen (vgl. Abb. 3.3).

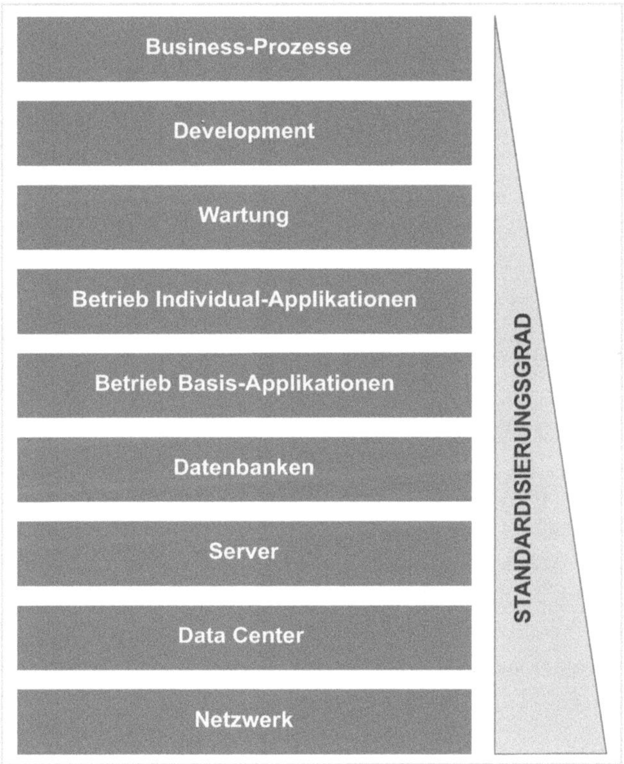

Abb. 3.3 Technische Layer und Standardisierungspotenziale

Betrachtet man den IT-Stack, so zeigt sich bei den Basisdiensten eine weitgehende Standardisierung. Das bedeutet, dass nicht nur allgemein anerkannte Standards vorhanden sind, sondern diese auch breit eingesetzt werden. Dies trifft vor allem auf die Netzwerkstrukturen zu. Der De-facto-Standard im Rechenzentrum ist Ethernet Fabric. Ethernet Fabric unterstützt die Automatisierung des RZ-Betriebs und stellt die notwendige Netzwerk-Dynamik für Cloud-Strukturen sicher (vgl. IDC 2014).

Auf der Ebene des Rechenzentrums gibt es mit den Tier-Klassifizierungen des Uptime-Instituts ebenfalls allgemein anerkannte Standards. Die Standards regeln hier die Verfügbarkeit und Ausfallsicherheit des Rechenzentrums, indem Vorgaben für die RZ-Infrastruktur wie Stromversorgung und Netzanbindung gemacht werden. Die Standards werden aber in der Praxis kaum gelebt: Die Realität in Anwenderunternehmen zeigt häufig viele kleine, unkonsolidierte Serverstandorte. In internationalen Großunternehmen liegen diese nicht selten in Größenordnungen von einigen Hundert Standorten. Spezialisierte IT-Provider (auch inhouse) setzen hingegen die Tier-Standards in ihren zentralisierten Rechenzentren durch, wobei aus Kostengründen in der Regel Tier-3- oder erweiterte Tier-3(„+“)-Architekturen realisiert werden (vgl. Abb. 3.4).

	Tier 1	Tier 2	Tier 3	Tier 4
Redundanz	N	N+1	N+1	2x (N+1)
Zuleitungen	1	1	1 aktiv + 1 passiv	2
Brandabschnitte	Nein	Nein	Ja	Ja
SPOF	Viele	Viele	Einige	Keine
Fehlertoleranz	Nein	Nein	Ja	Ja
Entwärm.-leistung [W/m^2]	220-320	430-540	1070-1620	> 1620
Verfügbarkeit	**99,67 %**	**99,75 %**	**99,98 %**	**99,991 %**

Abb. 3.4 Tier-Modell als Basisstandard für Rechenzentren

Auf der Serverebene haben sich Rechner auf x86-Basis als Standard etabliert. In vielen Unternehmen sind noch Mainframes im Einsatz, deren Anteil an der globalen Rechenleistung aber kontinuierlich sinkt. Mit der Verbreitung der x86-Technologie gewinnen Anwenderunternehmen große Unabhängigkeit von bestimmten Hardwareherstellern. Denn Virtualisierungsschichten erlauben die Bereitstellung der reinen Rechenkapazität in Form von Ressourcenpools. Dazu muss die zugrunde liegende Hardware nur gewisse Mindestanforderungen erfüllen. Für den operativen Einsatz der Hardware bedeutet dies, dass das Betriebspersonal lediglich einen Listenabgleich mit der vom Hersteller der Virtualisierungssoftware angegebenen Hardware durchführen muss. Bei den Betriebssystemen haben sich Windows und Linux als Standards durchgesetzt. Die Virtualisierung weist diese den virtuellen Maschinen zu. Im operativen Betrieb hat es sich als sinnvoll erwiesen, maximal zwei Release-Stände von Betriebssystemen einzusetzen: den aktuell gängigen (n) und die Vorgängerversion (n-1). Damit werden die Managementaufwände deutlich eingeschränkt.

Was auf der Computing-Ebene gilt, gilt auch für die Datenbankebene. Vor einigen Jahren hatten Oracle-Datenbanken wegen ihrer unerreichten Performanz noch ein Alleinstellungsmerkmal (das auch durch das Bundling von Software und Hardware entstand). Heute bieten alternative relationale Datenbanken und Datenbankmanagementsysteme wie mySQL oder DB2 – unabhängig von der Hardware – ein ähnliches Leistungsvermögen.

Beim Einsatz von Datenbanken sollte also auf ein geeignetes marktgängiges Produkt zurückgegriffen werden, für das das spezifische Betriebs-Know-how vorgehalten werden kann. Ein Einsatz verschiedener Anbieter erhöht die Aufwände für Aufbau, Betrieb, Wartung und Änderungen.

Bei der Betrachtung der Softwareebene muss unterschieden werden zwischen Basis- und Individualapplikationen. Basisapplikationen sind verbreitet und bieten wenig Potenzial für spezifische Mehrwerte. Sie halten das „Business am Laufen", und zwar ohne unternehmensindividuelle Anpassungen. Unternehmensindividuelle Applikationen, die auch kontinuierlich weiterentwickelt werden, unterstützen Kernprozesse für die Geschäftstätigkeit in bestimmten Branchen oder Segmenten. Häufig wurden solche Applikationen im eigenen Haus entwickelt oder bei spezialisierten Anbietern beauftragt bzw. eingekauft. Auch für Standardsoftware gilt die „n- und n-1-Regel".

Die Software ist die „Königin der IT". Sie bringt die hohe Funktionalität mit, die notwendig ist, um das Business mit IT zu unterstützen, egal ob es sich dabei um Warenwirtschaftssysteme, Analysen, Bürokommunikation oder Kundenschnittstellen handelt. Diese gedankliche Haltung forderte – wie bei gekrönten Häuptern nicht unüblich – ihren Tribut. Jahrzehntelang stand die Software im Vordergrund und die Hardware wurde auf die Software hin (großzügig) optimiert.

Mit dem Heraufziehen der Cloud hat die Königin ihre Krone verloren. Die neue Maxime heißt: Software muss hardwareunabhängig sein, um sie so flexibel wie möglich einsetzen zu können. Das bedeutet nicht nur, dass sie auf verschiedenen Plattformen lauffähig sein muss, sondern auch, dass dynamische Lastszenarien abgebildet werden können. Unternehmen, die ihre Infrastrukturen bereits virtualisiert haben, sind diesen Abstraktionsschritt bereits gegangen und haben damit eine wichtige Hürde für den Transfer von Applikationen in die Cloud genommen. Nicht nur SAP, sondern auch eine Vielzahl anderer Softwareanbieter haben diesen Trend erkannt und darauf reagiert. In der Beratungspraxis zeigt sich, dass 80 Prozent aller Nicht-SAP-Anwendungen bereits auf virtualisierten Infrastrukturen laufen.

Beispiel SAP-Standardisierung

Ein multinationales Unternehmen betreibt auf ca. 500 Servern in seinem Unternehmensnetz SAP-Applikationen. Jede SAP-Applikation und die zugehörige Datenbank sind dabei einem dezidierten Server(cluster) zugewiesen. Ungefähr 100 wichtige Applikationen werden technisch redundant betrieben und regelmäßig upgedatet. Die verbleibenden Applikationen werden nur sehr unregelmäßig gewartet und aktualisiert. Damit muss die IT-Abteilung insgesamt zehn verschiedene Release-Stände von SAP weitgehend manuell supporten.
Für die Standardisierung entscheidet sich das Unternehmen, mit einem externen Partner zusammenzuarbeiten. Der FMO (Future Mode of Operation) sieht vor, dass der SAP-Basisbetrieb auf der Standardplattform des Partners betrieben wird.

Im Rahmen des Standardisierungsprojekts werden die SAP-Releases auf einen einheitlichen Stand gebracht und die Workloads auf die Plattform des Partners migriert. Der Großteil der unternehmensinternen Hardwarestandorte wird aufgelöst. Das Management für den SAP-Basisbetrieb übernimmt der Partner. Das sichert einen einheitlichen Release-Stand. Die Dynamik der Plattform macht neue Service Levels für die Applikationen möglich. So erhalten Reporting-Systeme nur noch einmal im Monat automatisch die notwendigen zusätzlichen Hardwareressourcen aus dem Infrastruktur-Pool. Die Kosten und Aufwände für den SAP-Basisbetrieb sinken drastisch, die interne IT kann sich auf Betrieb und Wartung der höherwertigen Applikationen konzentrieren und die Applikationslandschaft harmonisieren.

Doch die Standardisierung fordert nicht nur „Opfer" von der Applikation, sondern zunehmend auch von den Business-Prozessen. Die Business-Prozesse passen sich den Standardvorgaben einer Software wie beispielsweise SAP an. Zumindest da, wo Software dem Unternehmen keine Alleinstellungsmerkmale bietet – häufig bei Querschnittsprozessen wie Reporting oder Human Resources. Die Anteile standardisierter Hardware und Software für den IT-Support von Geschäftsprozessen steigen kontinuierlich und resultieren in sinkenden Kosten für Technik und Management der IT.

Die Möglichkeiten einerseits und der Wille zur Standardisierung andererseits sind auf den niedrigen technischen Ebenen hoch. Je näher man den Business-Prozessen kommt, umso weniger Potenziale für die Standardisierung lassen sich entdecken. Es bleibt dem Unternehmen – möglicherweise in Diskussion mit seinen IT-Dienstleistern – überlassen, entlang der Skala zwischen der Entwicklung unternehmensspezifischer Applikationen und dem Infrastruktur-/Plattformbetrieb sein Niveau der gewünschten Standardisierung festzulegen – und dieses dann konsequent zu leben.

Die Welt ist voller Kompromisse – was für viele menschliche und geschäftliche Interaktionen durchaus seine Gültigkeit hat, könnte im Hinblick auf die Standardisierung nicht falscher sein: Standardisierung muss kompromisslos und digital sein, in dem Sinne, dass der Nutzer nur die Wahl hat, Standards unverändert zu akzeptieren oder abzulehnen. Nachträgliche individuelle Anpassungen (Customizing) von Standards führen wieder zu einer Fülle spezifischer Lösungen mit explodierendem Aufwand nicht nur bei der Einführung jener Spezifizierungen, sondern vor allem im kontinuierlichen Management der derart spezifizierten Systeme.

3.8 Standardisierung der Governance am Beispiel des Security Management

Wie in Grafik 3.2 (BIS-Ebenen) aufgezeigt, muss Standardisierung nicht nur technische Komponenten abdecken, sondern auch die Managementprozesse um die Technik herum regeln. Diese werden dort unter der Überschrift Governance zusammengefasst. Die Governance regelt nicht nur die operativen Vorgänge, sondern setzt auch verbindliche Rahmenwerke und Vorgaben.

Wichtiger Bestandteil einer industrialisierten IT-Produktion ist die ICT-Sicherheit. Ein Beispiel für einen Standardisierungsansatz für das Security Management bietet die Enterprise Security Architecture for Reliable ICT Services (ESARIS – vgl. von Faber und Behnsen 2012). ESARIS nutzt die existierenden Prozesse des IT-Service-Managements (ITIL bzw. ISO/IEC 20000) und bildet diese auf die interne Unternehmensorganisation ab. Damit werden Unternehmensrisiken durch den Betrieb von IT minimiert, wie es die ISO 27002 fordert. Herzstück von ESARIS ist die ESARIS Library. Dort werden Verfahren, Standards und Arbeitshilfen für das Security Management zentral hinterlegt.

Das Rahmenwerk berücksichtigt alle Aspekte, die die Sicherheit von ICT-Services beeinflussen. Eine Hierarchie von Sicherheitsstandards verfeinert allgemeine Richtlinien schrittweise bis zu detaillierten technischen Anweisungen. ESARIS nutzt dazu Module, in denen Methoden und Maßnahmen abgebildet sind. Trotz des hohen Standardisierungsgrades können dadurch spezielle Anforderungen erfüllt werden, indem einzelne Sicherheitsmaßnahmen optional implementiert werden. Mit einem Rollout von ESARIS werden die Standards unternehmensweit verbindlich und geben den zuständigen Mitarbeitern klare Handlungsanweisungen in allen Fragen der IT-Sicherheit. Damit wird das Security Management unternehmensintern harmonisiert, der operative Umgang mit allen Sicherheitsfragen geklärt und vereinfacht. ESARIS regelt das Security Management auch, wenn IT-Dienstleister einen Teil der IT-Aufgaben übernehmen.

3.9 Fazit

Standards sowohl für technische Komponenten aller IT-Layer als auch für das prozessuale Management der Technik sind das unabdingbare Fundament für eine effiziente und moderne IT-Produktion. Standardisierung senkt die Komplexität und das notwendige vorzuhaltende Know-how im Betrieb von IT-Plattformen, bereitet aber gleichzeitig den Weg für weitere Einsparpotenziale durch Konsolidierung und Automatisierung. Die Entlastung von Basisaufgaben ermöglicht eine Konzentration der Kompetenzen auf hochwertige Tätigkeiten in der IT und die digitale Weiterentwicklung des Unternehmens.

Literatur

Faber, Eberhard von; Behnsen, Wolfgang (2012): Secure ICT Service Provisioning for Cloud, Mobile and Beyond – A Workable Architectural Approach Balancing Between Buyers and Providers. Springer.

Hülsbömer, Simon (2015): Nur 8 von 100 Unternehmen kennen ihre Schatten-IT. In: cio.de. http://www.cio.de/a/nur-8-von-100-unternehmen-kennen-ihre-schatten-it,3101830. Zugegriffen: 09.12.2015.

IDC, Market Spotlight, Ethernet Fabrics (2014): Die Basis für Automatisierung im Rechenzentrum-Netzwerk und Agilität der Unternehmen. http://software-defined-network.com/wp-content/uploads/2014/05/IDC-Automation-Whitepaper_DE.pdf. Zugegriffen: 09.12.2015.

Autoren

Magnus Greuling ist seit 2011 Management Consultant bei T-Systems International GmbH. Zuvor war Greuling u. a. bei Compass Management Consulting beschäftigt. Er verfügt über mehr als zehn Jahre Erfahrung in der IT-Branche, wo er unterschiedliche Positionen bekleidete. Schwerpunkte seiner Arbeit sind die Optimierungsanalysen auf Topmanagement-Ebene, Sourcing-Unterstützung und die Standardisierung von IT-Services. Hinzu kommt Expertise im Bereich der Applikationsentwicklung mit Schwerpunkt auf Business-Analyse, Anforderungsmanagement, Projektmanagement sowie der Prozessarchitektur. Aktuell liegt sein Fokus im Projektmanagement und in der Umsetzung von BIS Assessments.

Dr. Michael Pauly ist als Senior Consultant bei T-Systems International GmbH verantwortlich für die Positionierung und Weiterentwicklung neuer dynamischer ICT-Services zu erfolgreichen vermarktbaren Lösungen sowohl für große als auch für mittelständische Geschäftskunden.

Nach erfolgreicher Promotion im Bereich Elektro- und Informationstechnik 1998 an der RWTH Aachen arbeitete er zuerst am Fraunhofer Institut AIS in Sankt Augustin. 2000 wechselte er zum debis Systemhaus, wo er als Consultant in den Bereichen Hochverfügbarkeit sowie Datenhaltung und -sicherung tätig war. Seit 2005 und einem berufsbegleitenden Studium im Wirtschaftsingenieurwesen gestaltet Dr. Michael Pauly den Bereich Cloud Computing sowie die Dynamic Services der T-Systems mit.

Ludger Vogt ist ICT Management Consultant bei T-Systems International GmbH. Er verfügt über langjährige Erfahrung als Berater und Projektleiter in Consulting-, IT- und Anwendungsentwicklungsprojekten, unter anderem in der Finanzindustrie, der Verwaltung und der Logistikindustrie im nationalen wie im internationalen Umfeld. Seine Schwerpunkte liegen in der Beratung von nationalen und internationalen komplexen IT-Organisationen, im Bereich der Softwareentwicklung (Projektmanagement im C/S-, Mainframe- und Web-Umfeld), in der Analyse und im Redesign von IT-Organisationen, in der RZ-Konsolidierung und im Servicemanagement. Ludger Vogt ist seit 2011 bei T-Systems. Zuvor hatte er unter anderem Stationen bei IBM, Deloitte Consulting und Cambridge Technology Partners. Ludger Vogt ist Diplom-Ingenieur und hat einen Master in Business Administration.

4 Konsolidierung: Offensive für moderne, flexible Strukturen

Jörn Kellermann

4.1 Einführung

77 Prozent der deutschen Unternehmen befürchten Umsatzeinbußen, wenn sie hinter dem technologischen Fortschritt zurückbleiben. Diese Angst kommt nicht von ungefähr: Nur in jedem siebten Unternehmen ist die IT auf dem neuesten Stand (vgl. Vanson Bourne 2015).[1] Schon heute sind acht von zehn der wertvollsten Marken IT-, Elektronik- oder Internetkonzerne. Künftig wird die digitale Transformation über die Zukunft von Unternehmen entscheiden. Wer sein Geschäftsmodell erfolgreich digitalisiert, steigert Wert und Umsatz. Wer dies versäumt, wird schon bald nicht mehr wettbewerbsfähig sein. Das deckt sich auch mit dem Ranking der wertvollsten Marken heute (vgl. Millward Brown 2014) – nahezu immer ist IT die Basis für digitales Wachstum und allem voran die Cloud. Ergo: Wachsen und innovativ sein kann heute nur, wer auf innovative Technologien wie Cloud & Co setzt. Diese digitalen Konzepte brauchen zeitgemäße, moderne Infrastrukturen, bereitgestellt in Form von standardisierten, automatisierten und effizienten IT-Ressourcen. Man findet sie zum Beispiel in konsolidierten hochverfügbaren und ausfallsicheren Rechenzentren, die den Prinzipien Einfachheit, Sicherheit, Skalierbarkeit, Ausfallsicherheit und Bezahlbarkeit gerecht werden.

Jedoch zurück zum Anfang und Ausgangspunkt: Den zweiten vor dem ersten Schritt machen, das geht nicht. Wie oben bereits festgestellt: In vielen Unternehmen ist die IT längst nicht auf dem neuesten Stand. Dynamische und digitalisierte Geschäftsmodelle verlangen eine bewegliche und anpassungsfähige IT-Infrastruktur, die ausfallsicher arbeitet, sich ohne Investitionen in Zeit und Geld auf neue Bedingungen einstellen kann und unternehmensweit einheitlich ist. Daher ist es unabdingbar, vorab seine IT auf Vordermann zu bringen. Voraussetzung hierfür ist eine vernünftige Konsolidierung, die Ausgaben senkt, Abläufe beschleunigt, Daten intelligent zusammenführt und neue Möglichkeiten der Prozesskorrektur eröffnet.

1 Beide Zahlen stammen aus einer Umfrage: Automatisierungslösungen: „Innovate or Perish" (3/2015), durchgeführt von Vanson Bourne im Auftrag von Automic. Befragte: je 1.000 Verbraucher und 100 Führungskräfte in Deutschland, Frankreich, Großbritannien, USA.

IT-Konsolidierung ist seit vielen Jahren ein Thema; niemand muss heute noch ernsthaft von den Vorteilen überzeugt werden. Nur, viele scheuen heute noch die Umsetzung, auch wegen der hohen Komplexität. Doch wenn man es richtig angeht, bündelt die IT-Konsolidierung verteilte Ressourcen, Werkzeuge und Prozesse in eine homogene Infrastruktur. Das Resultat: Unternehmen profitieren von höchstmöglicher Effizienz durch transparente sowie eindeutige Strukturen und Daten, die zentral gehalten werden.

4.2 Größe und Gemeinsamkeiten nutzen: Potenziale der Konsolidierung

Ein Set aus einzelnen Methoden und Programmen, die wie Zahnräder ineinandergreifen, führt zu effizienter Produktion und im Endeffekt dazu, Kosten umfassend zu reduzieren und Flexibilität zu erreichen. Dazu gehört, für eine optimierte Auslastung, standardisierte Services, konsolidierte Systeme und eine automatisierte Produktion zu sorgen. Auf dem Papier findet Konsolidierung in der Regel nach Standardisierungsprozessen statt und bündelt die Funktionen gleichartiger Elemente, sodass weniger Einheiten desselben Elements nötig sind. Sie wird auf verschiedenen Ebenen durchgeführt: Rechenzentren, Plattformen, Servern, Applikationen.

Standardisierung bezeichnet die Vereinheitlichung meist von unterschiedlichen Herstellern stammender oder zu unterschiedlichen technischen Standards zählender funktional gleichartiger Elemente. Das umfasst neben Infrastrukturen (wie z. B. Plattformen, Storage, Netzwerke etc.) auch Applikationen, Prozesse und ganze Liefermodelle.

In der Praxis allerdings gehen Standardisierungs- und Konsolidierungsprozesse des Öfteren nahtlos ineinander über. Zudem erfordert der Unternehmensalltag, dass Standardisierungs- und Konsolidierungsprozesse schleifenförmig immer wieder durchlaufen werden, wenn sich die äußeren Umstände ändern. Beispielsweise wenn es gilt, nach einem Zukauf die Systeme des hinzugekommenen Unternehmensteiles nahtlos zu integrieren, oder wenn Anwender neue Serviceanforderungen stellen, die nur neue Hardware oder Software erfüllen können, oder wenn eine ausufernde Schatten-IT aufgelöst wird und deren Funktionen durch „legale" Produkte und Services unter der Ägide der IT-Abteilung ersetzt werden etc.

In der Kombination aus Hardware- und Softwarekonsolidierung liegen die größten Potenziale. Datenvolumen wachsen rasant, sie verdoppeln sich jährlich, und in Zeiten von Big Data und Internet of Things wird sich dieser Trend noch weiter beschleunigen. Aber: Die Volumen wachsen zumeist in einzelnen Silos, auf abteilungs- und anwendungsspezifischen Datenbanken und Servern. Die Konsolidierung ist deshalb so wichtig, weil sie neue und klare Strukturen schafft. Eine zentrale Datenhaltung stellt sicher, dass Mitarbeiter jederzeit auf zentrale aktuelle und verlässliche Daten zugreifen können. Eine konsolidierte IT führt Hardware und Software zusammen, sie verringert die Schnittstellen, bündelt und beschleunigt die Datenströme und sorgt für eine intelligente automatisierte Datenspeicherung. Sie reduziert Schulungs- und Lizenzkosten sowie die Kosten für Wartung und Pflege.

4.3 Ressourcen besser auslasten: Vorteile der Virtualisierung

Hardware erfordert hohe Investitionen, und nicht alle Server in Rechenzentren sind komplett ausgelastet. Das kostet, denn sie müssen gekühlt und gewartet werden, sie verbrauchen Strom und sind blockiert für andere Anwendungen. Rechenzentren konsolidieren bedeutet daher, mehr auf Technologien zu setzen, die hocheffizient und skalierbar sind. So verkleinert man das Volumen physischer IT-Ressourcen, um Kosten zu sparen sowie Ressourcen besser zu bündeln und zu verteilen.

Hier setzt Virtualisierung an. Ausgeführt werden kann sie auf verschiedenen Ebenen: für Server, Speicher, Betriebssysteme, Desktops oder ganze Applikationen. Virtualisierung fasst Ressourcen zusammen und verteilt sie. Verteilen bedeutet: Nicht mehr eine Hardware für einen Server, sondern mehrere Server teilen sich eine Hardware. Technisch umgesetzt wird das, indem eine Software als Abstraktionsschicht fungiert. Der sogenannte Hypervisor regelt den Betrieb der sogenannten Virtual Machines, indem er jedem virtuellen Server die Umgebung simuliert, die er als physischer Server gewohnt ist. Auf diese Weise schafft man es, Ressourcen zu bündeln, sodass sie flexibel nutzbar sind – etwa Computerressourcen (insbesondere im Serverbereich) transparent zusammenzufassen oder aufzuteilen, oder ein Betriebssystem innerhalb eines anderen auszuführen.[1] In der Storage-Virtualisierung etwa kann man den gesamten Storage zu einem Pool bündeln, sogenannten Storage Area Networks. Statt einem Server mehrere Festplatten fix einzubauen, erhält er nun ein Speicherkontingent aus dem übergreifenden Pool je nach Bedarf zugewiesen. Weil nicht jede Software auf dem Server das Maximum ausschöpft, liegt die Gesamtspeichermenge im Pool unter der rechnerischen Maximalsumme aller Anwendungen.

Virtualisierung hat viele Vorteile: Die Auslastung ist optimiert, es wird weniger Hardware benötigt, gleichzeitig ist die Nutzung flexibel zuweisbar. Und dies sogar per Mausklick. Hinzu kommt: Virtualisierung ist eine wichtige Green-IT-Maßnahme mit einem deutlich positiven Umwelteffekt.

[1] Quelle: Wikipedia https://de.wikipedia.org/wiki/Virtualisierung_(Informatik)

Aber Vorsicht! Virtualisierte Umgebungen können sehr komplex werden. Und jeder virtuelle Server muss genauso gewartet werden wie ein physischer. Die Zusammenarbeit mit einem Dienstleister, der viel Know-how auf dem Gebiet hat, ist daher von Vorteil. Denn nur wer frühzeitig auf Virtualisierung gesetzt hat und über umfassende Erfahrung verfügt, kann heute innovative und leistungsstarke Rechenzentrums- und Netzwerkinfrastrukturen bieten, die für die Zukunft gerüstet sind. T-Systems hat diesen Trend schon früh erkannt und setzt seit 2003 darauf. Zum Beispiel mit einer schlanken und hochstandardisierten Plattform wie der Dynamic Cloud Platform (DCP) mit einheitlichen Servern, einheitlichem Netzwerk (Switches, Firewalls etc.) und Storage sowie mit standardisierten Services, für alle Kunden gleich nutzbar.

Workloads werden schnell, effizient, mit Standardverfahren bereitgestellt sowie betrieben und hochautomatisiert als Services auf der Plattform angeboten; nach der Methode „Any service at any server at any time" – also hoch virtualisiert und immer nach dem gleichen Schnittmuster. Weil die Basis immer gleich ist, findet sich jeder Administrator damit zurecht, egal, ob er den Kunden kennt oder nicht. Dahinter steckt die Idee, IT wie eine Fabrik zu betreiben (vgl. Abolhassan 2013): die Dinge, die am häufigsten benötigt werden, standardisiert wie am Fließband zu bauen – das Legostein-Baukasten-Prinzip. Und: immer das Wichtigste zuerst.

Die Entwicklung und der technische Fortschritt gehen jedoch auch in puncto Konsolidierung rasant weiter. Software Defined Datacenter – diesem Trend gehört die Zukunft, weil er noch einen Effizienzschritt weiter geht. Die Überlegung dahinter: die Infrastruktur im Rechenzentrum vollständig zu virtualisieren. Damit wird man den weiter steigenden Ansprüchen an die IT-Infrastruktur durch das konstant wachsende Datenvolumen in Kombination mit ständig neuen Anforderungen wie etwa Echtzeitauswertungen von Informationen gerecht. Auch hier ist es wichtig, Dienstleister und Provider frühzeitig mit ins Boot zu holen, die über Know-how und vor allem Erfahrung verfügen.

4.4 Da ist mehr drin: Auslastung optimieren

Nach übereinstimmenden Aussagen von Praktikern aus dem Rechenzentrumsbereich und von Marktforschern sind die Auslastungsgrade von Rechenzentren häufig auch heute noch weit geringer, als Betreiber sich das wünschen.

Ein wichtiger Grund für diesen unbefriedigenden Zustand ist, dass die IT der meisten Unternehmen nicht aus einem Guss ist, sondern historisch gewachsen. Das und die schnelle Weiterentwicklung der IT, der man vielerorts durch stetige Neuanschaffungen auf den Fersen bleiben wollte, hat zu unterschiedlichen „Silos“ geführt, die unverbunden nebeneinanderher arbeiten. Daraus wiederum resultieren erhebliche Ineffizienzen und hohe Kosten. Zudem haben die Verantwortlichen für die einzelnen Bereiche schon aufgrund hoher Arbeitsauslastung vor allem ihr eigenes Feld und dessen Bedürfnisse im Blick, weniger einen möglichst leistungsfähigen IT-Gesamtbetrieb.

Oftmals sind Rechenzentren heute veraltet und werden den neusten technischen Anforderungen nicht mehr gerecht. Historisch gesehen gibt es oft zu viele Rechenzentren, die geografisch gesehen auch nicht mehr optimal liegen. Daher ist die Zusammenlegung mehrerer Rechenzentren zu einigen wenigen sinnvoll. Die anfänglich höheren Investitionen machen sich jedoch langfristig bezahlt, denn durch die Reduzierung von Flächen, Optimierung von Hard- und Software und den Einbau neuer, moderner Klima- und USV-Anlagen werden viele Fixkosten reduziert. Zudem werden bei weniger Rechenzentren weniger personelle Ressourcen benötigt – ein Faktor, der bei der Konsolidierung sicherlich nicht im Vordergrund steht, aber ein weiterer Nebeneffekt ist.

Die prozessualen Folgen einer Infrastruktur, die unzureichend vereinheitlicht, virtualisiert und konsolidiert wurde, sind hoher Schulungs-, Wartungs-, Change-Management-, Lizenz- und Pflegeaufwand – zum Beispiel beim Patching (also der Installation von Ergänzungs- und Reparaturlieferungen zur Software) und bei Updates –, Intransparenz und geringere Sicherheit sowie fehlende Automatisierungsmöglichkeiten. Oft braucht man für jedes Element eine eigene Managementlösung. Treten Fehler auf, verursacht es in der Regel einen unangemessen hohen Aufwand, die Ursache zu finden sowie, falls nötig, den Hersteller oder Integrator, der für deren Beseitigung letztlich die Verantwortung übernimmt.

Unter solchen Umständen verschlingt die Aufrechterhaltung des Status quo regelmäßig bis zu 80 Prozent des IT-Budgets (vgl. Realtech 2015) – für Innovationen bleibt da kaum Raum. Gleichzeitig wechseln und steigen die Anforderungen stetig. Im Rahmen der zunehmenden Digitalisierung entstehen immer mehr Daten und Anwendungen, die verarbeitet und verwaltet werden müssen – unter Silo-Bedingungen ein schwieriges Unterfangen.

In Zeiten, in denen die IT zum Service wird, den Fachabteilungen und Geschäftsführung kostengünstig beziehen wollen, brauchen interne oder externe Provider daher höchstmögliche Automatisierung und Effizienz. Für beides bildet die Konsolidierung der Infrastruktur eine Grundvoraussetzung.

4.5 Ziele festlegen: Weniger bringt mehr, lautet die Devise

Wichtig ist es am Anfang jedes Konsolidierungsprozesses, Ziele klar zu definieren. Eine Einkaufsabteilung möchte vor allem die zu vielfältigen Einkaufsquellen reduzieren. Die Geschäftsführung stößt solche Projekte an, um die IT-Servicequalität zugunsten des Kerngeschäfts zu heben. Weniger Kosten, mehr Effizienz – der Gedanke steht bei vielen Unternehmen dahinter, die bislang verteilte Rechenzentren zusammenführen sowie Cloud- und Netzwerkservices standardisieren.

Vor allem zählt, die Komplexität und Gesamtsicht stets im Blick zu haben, denn die verschiedenen Ziele können durchaus miteinander in Konflikt geraten. Einen Prozess zu optimieren, um Sach- und Kostenaufwand zu reduzieren, geht möglicherweise zulasten der Qualität. Eine zu enge Fokussierung auf Teilbereiche wiederum kann dazu führen, dass wichtige Projekte oder Anwendungen ins Straucheln geraten. Wer beispielsweise eine maximale Konsolidierung der Server als wichtigstes Ziel anstrebt und auch erreicht, kann unter Umständen die Antwortzeit oder Verfügbarkeit von Applikationen einschränken oder die Sicherheit von Anwendungen gefährden, die vorher durch die Nutzung separater Server geschützt waren.

Hinzu kommt: Auch bestens vorbereitete Konsolidierungsprojekte können sich trotzdem als Wundertüte erweisen. Um den optimalen Effekt zu erzielen, ist es ratsam, solche Vorhaben sorgfältig und von langer Hand zu planen. So werden auf den ersten Blick einfache Projektschritte nicht im Nachhinein zu zeit- und kostenintensiven Stolpersteinen.

4.6 Scope definieren: mit Blick über den Tellerrand

Konsolidierungsprozesse können auf allen IT-Ebenen angestrebt werden. Sinnvoll ist, den Scope nicht zu klein zu wählen, beispielsweise alle Server oder die gesamte Datenbankumgebung zu konsolidieren. Ein zu kleiner Scope führt erfahrungsgemäß, in der Regel gekoppelt mit zahlreichen untereinander unabhängigen Konsolidierungsprozessen, wieder zu Flickwerk, das vorhersehbar weiteren Konsolidierungsaufwand erzeugt.

In großen Provider-RZ-Umgebungen sollte ein einzelnes Rechenzentrum der minimale Konsolidierungs-Scope sein. Ein vollständiges RZ als Konsolidierungs-Scope stellt sicher, dass möglicherweise noch bestehende „Silos" aufgebrochen und durch eine integrierte Sicht der gesamten IT-Infrastruktur ersetzt werden, die dann wiederum leichter automatisiert werden kann.

Gleichzeitig darf der definierte Scope natürlich weder die finanzielle noch die personelle Kapazität eines Unternehmens überfordern. Wer die Manpower nicht hat, um etwa das gesamte Rechenzentrum auf eine neue Architektur umzustellen, die IT auf jeden Fall im Hause behalten möchte, sollte die Dienstleistungen externer Dienstleister in Betracht ziehen, die Erfahrung mitbringen und die Komplexität beherrschen.

Auch IT-technische Grenzen sind zu beachten: Läuft eine betriebswichtige Applikation nur auf dem Mainframe und lässt sich nicht mit zumutbarem Aufwand auf eine Standardplattform migrieren, wird man wohl neben einer konsolidierten Serverplattform den Mainframe bestehen lassen müssen, obwohl das ein Minimum von mindestens zwei grundsätzlich unterschiedlichen Hardwareplattformen im Unternehmen bedeutet. Die betriebliche Situation erfordert dies in solchen Fällen einfach.

Hier lassen sich also keine einheitlichen Regeln finden; jedes Unternehmen muss allerdings darauf achten, den Scope jedes Konsolidierungsprojektes klar festzulegen – einschließlich der Grenzen zu anderen, vorläufig nicht konsolidierten Bereichen und den Übergängen zu diesen, die natürlich nach wie vor funktionieren müssen. Auch hier kann ein erfahrener Dienstleister beraten und als Trusted Advisor seine Architektur- und Engineering-Kenntnisse gewinnbringend zur Verfügung stellen. Ratsam ist es, ihn so früh wie möglich einzubinden.

4.7 Echte Bedingungen schaffen: Proof of Concept/Szenarien

Ist eine Zielarchitektur gefunden, muss man gerade bei umfangreichen Konsolidierungsprojekten einen in seinem Umfang sehr begrenzten, doch unter Echtbedingungen abgewickelten sogenannten Proof of Concept (PoC) durchführen. Die hierbei gesammelten Erfahrungen können unmittelbar in die Gestaltung und den Ablauf des Hauptprojekts, insbesondere des Runbooks mit den Schritt-für-Schritt-Anleitungen, einfließen. Das verhindert, dass Inkompatibilitäten, übersehene Interdependenzen etc. am Ende zu Fehlern führen, die Budget und Zeitrahmen des Konsolidierungs- und Migrationsprojekts sprengen. Ein weiterer Weg, böse Überraschungen zu vermeiden, ist die Definition von Szenarien, die den optimalen, einen durchschnittlichen und einen sehr schlechten Projektablauf zusammen mit den für die Einordnung relevanten Messparametern abbilden. Diese Szenarien skizzieren, wie beim Eintreten der jeweiligen Variante weiter vorzugehen ist. Darüber hinaus helfen die PoCs, die Vorteile bisheriger individueller Lösungen im neuen Operationsmodus nicht zu verlieren.

4.8 Bestehendes bestens nutzen: Standards und technische Rahmenwerke

Werden in Unternehmen prozedurale Standards wie ITIL (IT Information Library) genutzt, ist es ratsam, sich auch bei Konsolidierungsprojekten weiter daran zu orientieren. Sie strukturieren die IT-Prozesse von der Einführung von Lösungen und Services über deren Betrieb und Änderung bis hin zur Dekommissionierung. Prozedurale Standards definieren nämlich praktisch bewährte Rollen, Datensammlungen (z. B. bei ITIL die CMDB, Change Management Database) und Vorgehensweisen, die in ihrer Gesamtheit dem Projekt einen Rahmen und ein Minimum an Sicherheit bieten. So helfen sie, Interdependenzen, Hindernisse, Unwägbarkeiten etc. bei Planung und Umsetzung des Konsolidierungsprojekts rechtzeitig zu bemerken.

Ebenso sinnvoll ist es, im Vorfeld des eigentlichen Konsolidierungsprozesses eine technische Basis zu definieren, an der sich später alle Konsolidierungsprozesse orientieren. Diese Architektur-Blaupause sollte generell festlegen, wie das Unternehmen bestimmte IT-Bereiche in absehbarer Zeit gestalten wird, beispielsweise hinsichtlich der angestrebten Energieeffizienz in Rechenzentren (PUE, Power Usage Effectiveness), des Sicherheitslevels, der Verfügbarkeit von Anwendungen, der Ausfallsicherheit im Allgemeinen, der angestrebten Auslastung, der Standzeit der Systeme etc. Diese technische Basis wird anhand der individuell unterschiedlichen Anforderungen des jeweiligen Unternehmens generisch definiert. Erst daran anschließend erfolgt auf Basis dieser Plattform die Erstellung von Hersteller- und Komponentenkatalogen, die wiederum die Grundlage von Ausschreibungen bilden. Die entstehende generische Komponenten- und Herstellerliste erleichtert und beschleunigt spätere Ausschreibungen.

T-Systems nutzt beispielsweise eine definierte Plattform, die sogenannte Dynamic Cloud Platform (DCP), um alle Cloud-Anwendungen zu betreiben, und verwendet somit die gleichen Server, den gleichen Storage und die gleichen Netzwerkkomponenten in verschiedenen Rechenzentren. Die Twin-Core-Architektur stellt die faktische Ausfallsicherheit durch die Aktiv-Aktiv-Konfiguration zweier identischer, miteinander gekoppelter, aber räumlich voneinander getrennter Rechenzentren her. Neben der DCP als technische Basis sind bei T-Systems Richtwerte für umstrukturierte Rechenzentren festgelegt. Unter anderem sind ein Auslastungsgrad der Server von 80 Prozent und ein Redundanzgrad innerhalb der Rechenzentren von 20 Prozent angestrebt. Auch die Rechenzentren als solche werden so effizient wie möglich betrieben.

4.9 Auf der sicheren Seite: Qualität zählt

Schon die Vorplanung von Konsolidierungsprojekten muss für jede Projektphase einen Qualitätsprüfungsschritt umfassen, der dafür sorgt, dass nur qualitätsgesicherte Ergebnisse an die nächste Projektstufe übergeben werden. Dafür müssen Merkmale vordefiniert werden, die sich gut prüfen lassen. Sind alle verlangten Merkmale beim Qualitätsprüfungsschritt vorhanden und alle Voraussetzungen erfüllt, geht das Projekt weiter; ansonsten wird nachgearbeitet, bis dieser Zustand erreicht ist. T-Systems spricht in diesem Zusammenhang von Quality Gates (QGates), die im Zweifel auch mehrfach zu durchlaufen sind, und projektbezogen vom Quality Gate Layer, der für jeden Projektschritt von der Initialisierung bis zur Übergabe an den Betrieb entsprechende Prüfschritte umfasst.

Üblich ist, große Konsolidierungsprojekte nicht auf einmal, sondern in sogenannten Migrationswellen zu durchlaufen, die sinnvolle Bündelungen von Infrastruktur und Applikationen erfassen. Die betreffenden Prozessschritte werden für jede Migrationswelle wiederholt, bis alle Migrationswellen abgeschlossen sind.

4.10 Einmal ist nicht genug: Konsolidierung als fortlaufender Prozess

Konsolidierung ist kein einmaliger Vorgang. Vielmehr erfordern technische und organisatorische Veränderungen immer wieder neue Konsolidierungsschritte, soll die angestrebte Dichte, Effizienz und Auslastung einer Infrastruktur erhalten bleiben und nachhaltig sein.

Dies ist in der Praxis nicht immer leicht durchzusetzen. Ein Beispiel sind die Racks: Beim Abschalten einzelner Server in Racks müssen diese sofort entfernt und durch neue Server im selben Rack ersetzt werden. Stattdessen wird möglicherweise bei neuen Anforderungen einfach ein neues Rack mit allen für die jeweilige Anwendung nötigen Ressourcen ins Rechenzentrum integriert, obwohl in alten Racks noch viel Platz wäre. Am Ende resultiert das häufig in den anzutreffenden Patchwork-Fronten im Rechnergang. Sie verbrauchen teuren Platz, senken die Auslastung der Racks und erhöhen die Kühlanforderungen, weil der Luftfluss nicht mehr den gewünschten Wegen folgt. Auch das Einsparen einiger Meter Verkabelung ist kein Argument dafür, hier Kompromisse zu machen. Denn später ist es weit umständlicher und teurer, Inkonsequenzen wieder zu beheben.

4.11 Systematisch, richtig, gut: Konsolidieren mit Programm

Im Allgemeinen hat die permanente Weiterentwicklung der konsolidierten Architektur im Rahmen eines Lifecycle-Managements zu erfolgen. Dies gilt für alle Ebenen: Applikationen, Cloud-Systeme und das gesamte Rechenzentrumsdesign.

T-Systems hat dazu ein fortlaufendes Programm installiert. Mit Hochdruck wird auf Standardisierung gesetzt, indem dort, wo möglich, Classic- auf Cloud-Systeme migriert werden, mit dem Ziel, die maximale Anzahl von Systemen auf standardisierte Umgebungen zu bringen. Ergänzt wird die Maßnahme mit dem Lifecycle-Management der Cloud-Plattformen sowie der Standardisierung des Applikationsbetriebs. Unter dem Stichwort „Aktualität sicherstellen" schaut man durch Lifecycle-Management bei den Ziel-Cloud-Plattformen systematisch genauer hin: In die Jahre gekommene Plattformen werden aussortiert, zukunftsfähige, moderne als Präferenz-Zielplattformen definiert. Die DCP zum Beispiel ist eine solche, da sie einheitliche Netzwerk-, Storage- und Server-Komponenten nutzt.

Auch beim Betrieb von Datenbanken oder Middleware ist das Standardisierungsvolumen hoch: Für viele Kunden gibt es noch individuell zugeschnittene Betriebsmodelle. Hier liegt viel Einsparpotenzial brach. Das realisiert ein Programm nun in den nächsten Jahren sukzessive. Dazu wird im ersten Schritt ein standardisiertes Set-up für den Betrieb von Datenbanken und Middlewareprodukten definiert: Entwicklungsskripte, Installations- und Betriebs-Guidelines sowie Sicherheitsrichtlinien stehen auf dem Programm. Der nächste Schritt etabliert die Migrationswege pro Produkt. Danach wird das Reporting aufgesetzt, das über festgelegte KPIs zum Standardisierungsgrad pro Produkt Auskunft über den Fortschritt der Maßnahmen gibt.

Hinzu kommt: Alle drei Programmpunkte werden global umgesetzt, was wiederum beim Betrieb und beim Kunden-Onboarding enorme Kosteneinsparungen bringt. Und: Es ist ein solider und wichtiger Schritt für weitere Automation.

4.12 Das A und O für den Erfolg: die Messmethoden

Leistung und Konsolidierungsstand beziehungsweise -bedarf einer Rechenzentrumsumgebung gilt es permanent per messbaren KPIs zu überwachen. Besonders aussagekräftig sind bezüglich der Konsolidierung die KPIs zu Serverauslastung, Kapazität, Leistung, Personalbedarf und -auslastung, Lizenzkosten sowie dem Verhältnis der Applikationen auf physischen zu denen auf virtuellen Servern. Ein Virtualisierungsgrad von 100 Prozent ist dabei utopisch. Realistisch ist in gemischten Umgebungen ein Virtualisierungsgrad von 75 bis 85 Prozent. Auch die Zahl der SAP-Instanzen pro Server ist in entsprechenden Umgebungen ein denkbarer KPI. Bei manchen Komponenten, wie bspw. Storage, ist eine über 80-prozentige Auslastung betriebskritisch und daher zu vermeiden. Welche Abweichungen in der Praxis tatsächlich kritisch sind, hängt von einer ganzen Reihe von Parametern ab und ist von Unternehmen zu Unternehmen unterschiedlich. Als Richtwert gilt: Weichen KPIs um mehr als zehn Prozent vom Zielwert ab, signalisiert dies in der Regel dringenden Änderungsbedarf. Über- oder Unterschreitungen zwischen fünf und zehn Prozent gelten als Warnsignal und können mit leicht realisierbaren Anpassungen beantwortet werden. Allerdings gelten auch diese Richtlinien nicht absolut. Geht es beispielsweise um die Auslastung der Mitarbeiter, mögen kurzzeitige Auslastungsspitzen, die später ausgeglichen werden, akzeptabel sein – bei der Auslastung der Server können entsprechende Überschreitungen dagegen schlimmstenfalls zum Ausfall von Anwendungen führen. Da es sich hierbei allerdings um Richtwerte handelt, ist eine Einzelfallprüfung ratsam.

Ähnlich uneinheitlich ist auch die Messperiode: Manche Werte, etwa die Betriebstemperatur des Rechenzentrums, muss man häufig messen, andere, beispielsweise das Verhältnis physikalischer zu virtuellen Servern oder die PUE (Power Usage Effectiveness, Verhältnis der Gesamt- zur IT-Energie), möglicherweise nur alle Monate.

4.13 Wissen, worauf es ankommt: Konzeption und Migration im Detail

Grundlage der folgenden Skizze einer idealtypischen Konzeption und Migration von Konsolidierungsprojekten ist die Vorgehensweise, die sich bei T-Systems als Cloud-Service-Provider bewährt hat. Üblicherweise ist diese Planung auf den Einzelfall bezogen. Nichtsdestoweniger sind allgemeine Aussagen möglich, weil eine Reihe von Elementen durchgängig verwendet wird. Der Ansatz ist ganzheitlich und geht von der Planung über die Migration bis hin zur Schulung der Mitarbeiter. Erfahrungen aus vielen durchgeführten Migrationsprojekten sind in die Vorgehensweisen eingeflossen – wobei klar ist: Das Geheimnis einer effizienten Migration liegt in der dezidierten Vorbereitung. Jede in die Organisationsplanung investierte Stunde bringt bei der Ausführung später Einsparungen und sorgt für eine kostengünstige Migration.

Zuerst müssen die **Transformationsvoraussetzungen** geprüft werden: Um welche Applikationen geht es? Auf welche Zielplattform sollen sie migriert werden? Stehen mehrere zur Auswahl – bei T-Systems beispielsweise mit Classic-, standardisierter und DCP-Architektur –, helfen Checklisten, die richtige Plattform für jede Applikation auszuwählen. Um die Migration planen zu können, müssen alle relevanten Informationen gesammelt und dokumentiert werden. Die Umgebung jeder zu migrierenden Applikation muss mit Version, Patch-Stand, Schutzmechanismen/Sicherheitslevel und

Abhängigkeiten von anderen Applikationen usw. erfasst werden. Die allgemeinen Migrationspläne für die Quellumgebung sowie Ressourcen und die Kapazität der Zielumgebung müssen mit einbezogen werden. Weiter spielt es eine Rolle, wie kritisch die Anwendung für den Geschäftsbetrieb ist.

Anschließend **definiert man den Sicherheitsstandard** jeder Applikation. Er hängt von der Kritikalität und der Nutzungsintensität der jeweiligen Applikation ab. Eine Online-Buchungsapplikation hat z. B. eine hohe Kritikalität und auch eine hohe Nutzungsintensität.

Standardisierte Fragebögen zu Systemdaten und Kundeninterviews helfen dem Solution-Architekt bei der **Entwicklung des Grobdesigns** für jede Applikation und deren Zielplattform. Dieser Designvorschlag wird dann zusammen mit einer Upgrade-Strategie zuerst mit System- und Netzwerkspezialisten, dann mit den Applikationsspezialisten – auch denen des Kunden – abgeglichen.

Es folgt die **Detailplanung jeder einzelnen Anwendungsmigration**. Am Ende dieser Phase sind die Migrationsprozedur und alle dafür nötigen Komponenten (z. B. Netzwerk, Speicher, Lizenzen, Sicherheitsstandards etc.) vollständig definiert. Der Solution-Architekt hat das detaillierte technische Migrationskonzept erstellt. Alle nötigen Bestellungen sind getätigt. Der eigentliche Migrationsvorgang wird wiederum in drei Phasen geplant: In der Vorbereitungsphase werden auf Basis des High-Level-Designs die nötigen Ressourcen in der zukünftigen Betriebsumgebung bestellt und die Changes vorbereitet. In der Migrationsphase wird die Applikation zum festgelegten Change-Termin, meist einem Wochenende, umgezogen. Zum Change gehören die Deinstallation, der Transport und die Installation auf der zukünftigen Betriebsumgebung. Den Abschluss bildet die Aufräumphase, in der die alte Betriebsumgebung demontiert, die neue Betriebsumgebung verbessert wird.

Auch die **an die eigentliche Migration anschließenden Tests werden jetzt geplant**. Festgeschrieben werden die Anforderungen hinsichtlich Test-Terminierung, vorgesehener Tests und Testumgebung. Auch das Runbook wird jetzt angefordert und der Cutover-Prozess für die Freigabe durch das Change Advisory Board geplant.

Nun werden Netze, Systeme und Speicher konfiguriert. Zunächst installiert man Netzwerk und Betriebssystem. Da die Konfiguration der Application Firewalls nicht automatisch von der Quell- auf die Zielumgebung verschoben werden kann, werden die Regeln aus der bisherigen Firewall exportiert und entsprechende Regeln auf der neuen Firewall angefordert. Anschließend kann das Netzwerk getestet werden.

Die tatsächliche Migration beginnt mit der **Installation der Komponenten** wie Datenbanken, Middleware, Provider-Anwendungssoftware, der Anwendungssoftware des Kunden oder von ihm beauftragter Dritthersteller. Wie die Szenarien hierzu im Detail aussehen, unterscheidet sich von Umgebung zu Umgebung deutlich. Je nach Größe des Unternehmens und je nachdem, ob die zu migrierende Applikation in der Verantwortung eines Providers, bei einem Unternehmen selbst oder zu Teilen bei beiden Parteien liegt, müssen beispielsweise verschiedene Stufen der Softwareinstallation vorgenommen werden. Es folgt der **Test der Anwendungen beim Anwender**. Daran schließt sich die **Datenmigration** an.

Nun erfolgt das eigentliche **Umschalten**. Der Umschaltvorgang wird von einem zuvor angeforderten Change-Prozess unterstützt. Nach dem Umschalten wird geprüft, ob die Zielumgebung abnahmebereit ist. Dabei ist es ratsam, das Service Delivery Team frühzeitig einzubeziehen. Dieses stellt sicher, dass alle nötigen Informationen für die Abnahme rechtzeitig bereitgestellt werden. Nun kann die **endgültige Übergabe an den Kunden** stattfinden. Häufig empfiehlt sich in der ersten Zeit des Produktivbetriebs eine besonders aufmerksame Beobachtung der Applikation. Nach Übergabe bietet T-Systems seinen Kunden als Option eine etwa vierwöchige **Hypercare-Phase** an. Die letzte Übergabeaufgabe ist die **Dekommissionierung alter Hardware**. Nachdem sich das migrierte System auf der neuen Infrastruktur in Produktion befindet, wird nach Anfrage durch den Kunden das bisherige System dekommissioniert.

Eine präzise Planung, ein exakter Aufbau sowie das Zusammenspiel aller Beteiligten mit den notwendigen Kernkompetenzen ist unabdingbar für das Gelingen hochkomplexer Migrationen. Für das Verlagern großer Kundenumgebungen ist bei T-Systems die Migration Factory zuständig. Das ist eine zentrale Einheit aus speziell abgestellten und geschulten Mitarbeitern, die Voraussetzungen und Abhängigkeiten prüfen und die Umzüge koordinieren. Optimiert wird dieses bewährte Modell mit dem Einsatz automatisierter Tools.

4.14 Mit weniger Aufwand mehr erreichen – Migration-as-a-Service (MaaS)

Migration-as-a-Service (MaaS) ist ein automatisierter Prozess für den Umzug von Systemen. T-Systems hat dieses „hauseigene" Migrationsprodukt für die eigenen Bedürfnisse aus marktüblichen Tools entwickelt. Es steht als Self-Service-Modell für verschiedene Nutzergruppen zur Verfügung. MaaS ermöglicht es Usern, etwa einer Fachabteilung, eigenständig IT-Ressourcen oder Cloud-Services anzufordern und zu verwalten. Für Konsolidierungsprojekte relevant ist, dass MaaS auch Massenumzüge von Systemen bzw. ganzer Rechenzentren unterstützt. Einsetzbar ist MaaS für klassische und Cloud-Migrationen oder für die Kombination aus beiden. MaaS automatisiert typische Routineaufgaben, die bei der Migration von Systemen anfallen. Dieser Factory-Ansatz erhöht die Effizienz und macht den Prozess konsistenter und weniger fehleranfällig – und führt dazu, dass IT-Fachleute entlastet werden und sich um strategisch wichtige Aufgaben kümmern können.

Gegenüber dem klassischen Vorgehen mit Ressourcen und Services „von Hand" ist vor allem von Vorteil, dass die komplexen Prozesse wie das Verschieben von Daten und Anwendungen ganzer Business Landscapes automatisch unterstützt werden. Sie liegen zumeist auf verschiedenen Servern und die Daten sind verteilt. Diese Abhängigkeiten müssen im Vorfeld erkannt werden. Erster wichtiger Schritt ist die Dependenzanalyse: Sie klärt, welche Systeme verbunden sind, welche logischen Gruppen in einem Durchgang migriert werden können. Was als zusammengehörig definiert worden ist, muss zeitgleich migriert werden. Darunter fallen Webserver, Datenbanken etc. Wichtig ist hier vor allem: Die Datenkonsistenz muss gegeben sein. Dieser Prozess läuft automatisch, indem das Tool die logischen Gruppen zeitgleich, unterbrechungsfrei und datenkonsistent migriert. Auch notwendige Umkonfigurationen wie die Synchronisation der Geräte, die es an die neue Zielumgebung anzupassen und in die neue Infrastruktur zu migrieren gilt, laufen automatisch ab.

Das Ergebnis: In kürzerer Zeit können viel größere Mengen mit weniger Ressourcen migriert werden – mit einer Kostenersparnis von bis zu 30 Prozent.

4.15 Das große Ganze im Visier: effiziente Rechenzentrumslandschaft

Ein Beispiel dafür, wo die Migration Factory und MaaS zum Einsatz kommen, ist das Programm DC11@2018, mit dem T-Systems seit 2012 seine Rechenzentrumslandschaft von 89 Rechenzentren weltweit auf elf hochmoderne Twin-Core-Rechenzentren konsolidiert. Wenige, aber dafür besonders effiziente Rechenzentren bringen alle Vorteile einer Konsolidierung voll zum Tragen. Durch die Reduktion der eigenen Rechenzentren verringert das Unternehmen unter anderem signifikant den Kohlendioxidausstoß um 50 Prozent. Auch der Effizienzwert PUE (Power Usage Effectiveness) der neuen Rechenzentren liegt bei 1,3 und wird damit höchsten Ansprüchen gerecht. Um standardisierte Services bieten zu können, fokussieren sich die Rechenzentren auf den Betrieb einer Cloud-Plattform, statt viele einzelne Cloud-Lösungen zu unterhalten. Die Konsolidierung folgt den Anforderungen der nationalen und internationalen Kunden – daran sind auch die weltweiten Standorte der elf Twin-Core-Rechenzentren ausgerichtet.

Die Architektur von Rechenzentren hat erheblichen Einfluss auf Flexibilität, Agilität und Produktivität. Ein Beispiel dafür, wie eine hochkonsolidierte und automatisierte Rechenzentrumsarchitektur der neuen Generation aussieht, ist das neue Twin-Core-Rechenzentrum von T-Systems in Biere. Es nahm im Juli 2014 seinen Betrieb auf und ist derzeit das größte Rechenzentrum in Deutschland. Fläche und Kapazität sind skalierbar. Das Datenzentrum besteht aus zwei räumlich voneinander getrennten, vollkommen identischen, synchron arbeitenden Gebäudekomplexen in Magdeburg und Biere. Sie sind rund 20 Kilometer voneinander entfernt und funktionieren als eine logische Einheit. Das Rechenzentrum hält die höchsten Sicherheitsstandards ein und erreicht mit einem PUE von unter 1,3 den LEED-Gold-Standard. (LEED ist ein aus dem US-amerikanischen Raum stammender Zertifizierungsstandard für ökologisches Bauen.) Jede Lokation hat zwei unabhängige Stromversorgungen und USV-Systeme als Notstromversorgung. Der Komplex in Biere umfasst beinahe 40.000 Quadratmeter und ermöglicht dank dieser Konstruktion gemeinsam mit dem Zwillingsrechenzentrum in Magdeburg eine Verfügbarkeit von bis zu 99,999 Prozent, was lediglich rund fünf Minuten Ausfallzeit maximal pro Jahr entspricht. Umfangreiche Sicherheitskonzepte, die sowohl den Einsatz von IT-Sicherheitstechnologien wie auch zahlreiche physische Sicherheitsmaßnahmen umfassen, wie beispielsweise Zugangskontrollen oder Überwachungsanlagen, schützen Unternehmensdaten bzw. -infrastrukturen zudem vor Unbefugten.

Das hochautomatisierte Twin-Core-Rechenzentrum in Magdeburg/Biere zeigt, dass sich Ökonomie und Ökologie gerade im IT- und Cloud-Service-Business nicht im Weg stehen müssen, wenn verfügbare Technologien sinnvoll eingesetzt werden. Sie benötigen weniger Fläche und weniger Server, erbringen aber gleichzeitig höhere IT-Leistung dank des Einsatzes standardisierter Cloud-Plattformen – was sich wiederum in niedrigeren Kosten für Kunden auswirkt.

Hochkonsolidierte Architekturen wie die Twin-Core-Architektur bilden vielmehr die Grundlage dafür, sich vom Silodenken in der IT langsam zu verabschieden und sich einem industrialisierten Produktionsansatz auch in der Informationstechnik zuzuwenden.

4.16 Fazit

Konsolidierung senkt Kosten und sorgt für mehr Flexibilität. Aus strategischer Sicht liegt der Vorteil darin, dass standardisierte Prozesse weltweit gleich zur Verfügung stehen. Davon profitiert auch das Business; eine einheitliche Prozessplattform und ein hoher Standardisierungsgrad von Prozessen vereinfachen Betrieb und Support und sorgen für höhere IT-Sicherheit, hohe Verfügbarkeit sowie Ausfallsicherheit. Hierin liegen auch die Vorteile in der Zusammenarbeit mit einem Dienstleister, denn im Eigenbetrieb ist eine Standardisierung über eine gesamte Produktpalette unter Umständen sehr herausfordernd. Anders im Provider-Rechenzentrum: Sind Standards implementiert, ist dadurch die Konsolidierung auf wenige Systeme möglich – wenige große statt vieler kleiner. Das ist wiederum die Basis für eine bestmögliche Automatisierung. Denn je weniger Systeme, desto einfacher funktioniert die Automatisierung. Das schafft Freiräume und sorgt für eine bessere Auslastung (Utilization). Noch eines kommt hinzu, um die Auslastung der Infrastruktur optimal zu managen: Globaler Service und Support sind weltweit gleich und vom Ort unabhängig, wodurch Lasten flexibel verteilt werden können. Der Dominoeffekt dabei: Weniger Leerstandskosten erbringen geringere Stückkosten und sorgen für günstigere Konditionen für Kunden. Skaleneffekte sind von entscheidender Bedeutung: Vergleichbare Stückkosten sind im Eigenbetrieb kaum noch realisierbar. Denn kaum ein Unternehmen ist in der Lage, die ideale Kombination aus standardisierter Technologie sowie dem erforderlichen Grad an Automation von Prozessen komplett eigenständig und wirtschaftlich zu betreiben – inklusive der Mengenvorteile im Einkauf von Energie. Wichtig ist auch ein umfassendes Monitoring: Nur ein engmaschiges Überwachen mit sinnvollen KPIs kann die Grundlagen für weitere Optimierungen bringen. Denn: Konsolidierung hört nie auf und ist als fortlaufender Prozess in Kombination mit zeitgemäßer IT die Voraussetzung dafür, innovative Geschäftsmodelle umzusetzen, die wiederum ein Unternehmen zukunftsfähig machen.

Literatur

Abolhassan, Ferri (2013): Der Weg zur modernen IT-Fabrik. Industrialisierung – Automatisierung – Optimierung. Springer Gabler, Wiesbaden 2013.

Millward Brown (2014): BrandZ™ Top 100 Most Valuable Global Brands 2014. Studie abrufbar über: http://www.millwardbrown.com/brandz/top-global-brands/2014/welcome. Zugegriffen: 05.01.2016.

Realtech (2015): Situation analysiert – Ziel definiert – REALTECH involviert: http://www.realtech.com/wDeutsch/unternehmen/investor_relations/equity_story/2_Die_KompetenzW3DnavanchorW2610101071210002.php. Zugegriffen: 26.11.2015.

Vanson Bourne (2015): Innovate or Perish. Studie im Auftrag von Automic; abrufbar über: http://automic.com/news/us-organizations-innovating-faster-and-more-frequently-european-counterparts. Zugegriffen: 05.01.2016.

Autor

Jörn Kellermann verantwortet als SVP Global IT Operations weltweit die Cloud- und Rechenzentrumsleistungen für alle Kunden der T-Systems International GmbH. Das beinhaltet Bereitstellungs- und Betriebsaufgaben von IP-Netzen und Rechenzentren bis hin zu Anwendungen wie SAP-, Messaging- und Individual-Applikationen. Jörn Kellermann ist seit mehr als 20 Jahren in der IT beschäftigt. Nach Abschluss seiner Studiengänge Informatik und Betriebswirtschaft sowie seiner freiberuflichen Tätigkeit trat er 1999 dem debis Systemhaus (heute T-Systems) bei. Seitdem hat er bei T-Systems verschiedene Positionen im Vertrieb, in der Beratung und im Betrieb von IT-Leistungen wahrgenommen. Zuletzt leitete er den globalen Bereich Dynamic Platform Services (DPS).

5 Automatisierung als notwendiger nächster Schritt

Steffen Thiemann, Carsten Jörns, Michael Pauly

„We can't have human-managed services; we're turning them into scripts and automation" – Ranga Rengarajan, Microsoft, VP Data Platform[1]

5.1 Standardisierung und Konsolidierung ebnen den Weg zur Automation

Mit der Konsolidierung haben IT-Verantwortliche bereits einen entscheidenden Schritt in Richtung eines effizienten IT-Betriebs gemacht. Der Weg endet aber nicht dort, sondern Standardisierung und Konsolidierung bereiten den Weg für die in Zeiten der Cloud zwingend notwendige Automation.

Wie die Maschinen in der industriellen Revolution sind auch die Rechner angetreten, Menschen von Routinetätigkeiten zu entlasten. Die Rechner sind in diesem Zuge zu „Managern" spezifischer Unternehmensaufgaben geworden. Aus Sicht eines Rechenzentrums oder eines Unternehmens, das Abertausende oder gar Millionen solcher „Routinemanager" verwaltet, wiederholt sich die ursprüngliche Geschichte nun auf einer Meta-Ebene: Bei der Verwaltung der Rechner fallen immer wiederkehrende Routinetätigkeiten wie beispielsweise das Patching von Servern oder Datenbanken an. Mit jedem Rechner, mit jeder neuen Applikation steigt der Managementaufwand, der Ressourcen-Pool wird komplexer und schwerer zu verwalten.

Was liegt näher, als dafür ebenfalls technische Lösungen zu verwenden, die das Management auf Basis von Automatismen übernehmen? Damit gelangen wir zu IT, die IT managt und Menschen von aufwendigen manuellen Tätigkeiten entlastet. Ein „Nebeneffekt" ist hier noch, dass durch eine geringere Anzahl manueller Eingriffe auch die Anzahl möglicher Fehlerquellen sinkt und somit die Qualität der Services steigt. Darüber hinaus steigt die Geschwindigkeit, mit der spezifische Aufgaben bearbeitet werden.

[1] Zitat einsehbar unter: http://www.zdnet.com/article/there-is-no-money-in-commodity-cloud/. Zugegriffen: 09.12.2015.

Automatisierung braucht nicht zwangsweise Standardisierung oder Konsolidierung. Doch Automatisierung ist umso einfacher einzuführen und zu unterhalten, je standardisierter die zu automatisierende Landschaft ist. Diversifizierte IT-Landschaften fordern eine Vielzahl von Spezifikationen und Anpassungen an Automatisierungstools. Oder aber die Automaten benötigen ein deutlich höheres Maß an Intelligenz, was ebenfalls zusätzliche Aufwände bedeutet. Standardisierung umgeht diese beiden „Effizienzkiller" wirkungsvoll, ist also ein wichtiger Faktor für eine einfache und kosteneffiziente Automatisierung.

Automatisierung im großen Maßstab hat die Konsequenz, dass sich auch Arbeitsweisen für Menschen verändern. Menschen werden sehr viel stärker in die Rolle derjenigen schlüpfen, die als Nutzer von Tools kontrollieren, spezifizieren und überwachen. Die IT-Organisation muss sich dann entsprechend aufstellen. Zudem braucht die IT-Organisation noch zwei weitere Fähigkeiten: Sie braucht Menschen, die die Automaten entwickeln, und Menschen, die wissen, wie die Automaten arbeiten, also was in der „Blackbox" geschieht. Denn die Abhängigkeit von den Automaten wird mit jedem Automatismus größer. Und sie braucht Menschen, welche die Automatisierung überwachen und den gewünschten Betrieb sicherstellen, damit sich Fehler nicht fortpflanzen.

Während Automatisierung für kleine IT-Landschaften „nice to have" ist, ist sie für große IT-Landschaften essenziell, um ein effizientes Management sicherzustellen. Zum sine qua non wird Automatisierung in der Welt der Cloud: Nur so wird die Geschwindigkeit möglich, die für die Bereitstellung von dynamischer IT nötig ist. Am Ende der Cloud steht die Vision des „Zero Touch": Rechenzentren, die sich weitgehend selbst verwalten, ohne dass manuelle Eingriffe nötig sind.

5.2 Was ist Automation?

Automation ist ein Kernbestandteil der IT. IT dient, seit sie in ihren Kinderschuhen steckte, dem Zweck, durch Algorithmen Aufgaben zu wiederholen, zu automatisieren. Im Zusammenhang mit Rechenzentren und der Verwaltung von Infrastruktur-Pools meint Automatisierung IT-Systeme, die die IT-Systeme in einem Rechenzentrum steuern und überwachen. Für verschiedene Vorgänge gibt es dabei spezifische Runbooks, die in Skripten die Verfahren abbilden, nach denen der entsprechende „Automat" beim Eintreten bestimmter Rahmenbedingungen arbeiten soll. Große Rechenzentren unterhalten Tausende solch großer und kleiner Automaten.

Grundsätzlich lassen sich die meisten Aufgaben im Rechenzentrum automatisieren; im ersten Schritt sind dabei vor allem alltägliche Aufgaben im Fokus, weil deren Automatisierung den größten Effekt verspricht. Dabei können alle technischen Komponenten automatisch gemanagt werden: Netzkomponenten, Server, Storage, Betriebssysteme, Datenbanken, Middleware und Applikationen.

Hersteller liefern dazu grundlegende (technische) Automationstools mit, die aber sehr hardwarenah agieren und nur ihren eigenen (eng umrissenen) Einflussbereich abdecken. Darüber hinaus brauchen Rechenzentren eine Ebene mit höherer Logik und übergreifender Funktionalität. Diese Ebene führt die Einzelteile des Rechenzentrums zu einem „Gesamtorganismus" zusammen. Die Automatisierung wird auf einem IT-System abgebildet, das aus einer zentralen Infrastruktur besteht, auf der eine Automatisierungssoftware läuft. Häufig muss diese Software an die konkreten Anforderungen des Rechenzentrumsbetreibers angepasst werden. Dabei kann auf vorgefertigte Module zurückgegriffen werden (vgl. Abb. 5.1).

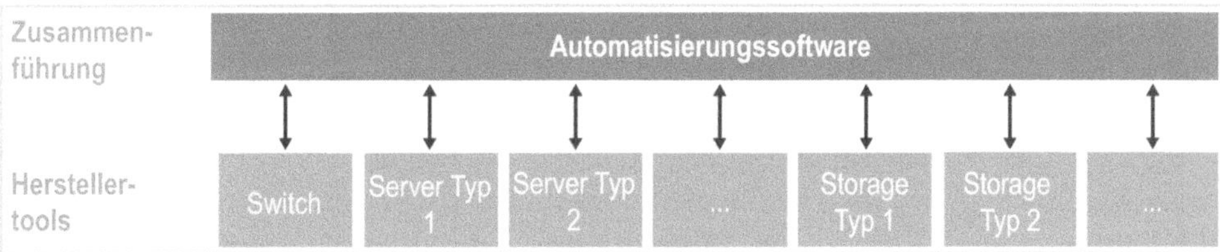

Abb. 5.1 Koordination hardwarenaher Automatisierungstools

In großen Rechenzentren ist es nicht ungewöhnlich, dass pro Woche 30 bis 40 Update-Empfehlungen von Hardware- und Softwareherstellern auflaufen, die auf Tausenden von Servern auszurollen sind. Das manuelle Patching ist dabei im Rahmen einer regulären Arbeitswoche unmöglich. Nach der Auswahl der notwendigen Updates werden die Automaten angestoßen und rollen die Software-Upgrades auf den jeweiligen Technikkomponenten aus. Danach überprüfen Automaten, ob der Rollout erfolgreich war, und checken die Funktionstüchtigkeit der Systeme. Werden dabei Defizite entdeckt, muss ein schneller Rollback auf den Ausgangszustand möglich sein.

Im abschließenden Schritt dokumentieren die Automaten die Ergebnisse und machen so jederzeit nachvollziehbar, welche Änderungen zu welchem Zeitpunkt (erfolgreich) vorgenommen wurden. Natürlich braucht der Einsatz der Automaten standardisierte Managementprozesse, in denen klar festgelegt wird, wer welche Funktionen im Vorfeld wahrnehmen muss. Je standardisierter die Landschaft im Rechenzentrum, desto weniger unterschiedliche Updates sind auszurollen und desto weniger Automaten müssen eingesetzt werden.

5.3 Nutzen der Automatisierung

Automatisierung wird von Mitarbeitern als zweischneidiges Schwert empfunden: Zum einen geht die Angst um, dass Arbeitsplätze im operativen Betrieb wegfallen, zum anderen aber zeigt die Realität, dass viele Mitarbeiter unter der Arbeitslast ächzen. Und es ist längst kein Geheimnis mehr, dass die Nachfrage nach qualifizierten IT-Mitarbeitern das Angebot weit übersteigt. Die Arbeitslast kann also nicht einfach durch zusätzliches Personal aufgefangen werden. Unternehmen müssen gezielt darüber nachdenken, wo Automatisierung Standardtätigkeiten übernehmen und Mitarbeiter von aufwendigen und uninspirierenden manuellen Aufgaben entlasten kann.

Unternehmen, die Automatisierung einführen, berichten von deutlichen Effizienzgewinnen, also der Fähigkeit, mehr Arbeitslast mit identischer Personalstärke zu bewältigen. Quantifizieren lässt sich der erzielte Effizienzgewinn an den eingesparten manuellen Aufwänden oder alternativ an der Beschleunigung der Arbeitsabläufe bzw. dem Zusatzpensum an Aufgaben gegenüber dem Vor-Automations-Status. Als Faustformel sind Effizienzgewinne von 50 Prozent möglich. Automatisierung erzielt damit deutliche Kosteneinsparungen und neue Business-Möglichkeiten durch die gewonnene Reaktionsgeschwindigkeit. Ein weiterer Faktor, um den Automatisierungsgrad im Rechenzentrum aufzuzeigen, ist der Anteil der automatisch gemanagten Prozesse. Dieser wird den manuellen Betriebsabläufen gegenübergestellt. Oder es wird die konkrete Anzahl vergleichbarer manueller und automatischer Vorgänge verglichen.

Drei typische Indikatoren legen den Einsatz von Automatisierung nahe:

1. Aufgaben, die immer wieder in gleicher oder ähnlicher Form anfallen (beispielsweise Dokumentation)
2. Häufung von Fehlern in bestimmten Umfeldern
3. Die Notwendigkeit hoher Geschwindigkeit in der Bereitstellung von Leistungen (beispielsweise Cloud Deployments)

Damit wird ein weiterer Nutzeneffekt von Automatisierung deutlich: Die Reduktion manueller Schnittstellen führt zu einem erheblichen Qualitätsgewinn. Die zuverlässige und eindeutige Abarbeitung in Form von Algorithmen sorgt für sichere Reproduzierbarkeit des Prozesses, stellt Datenintegrität sicher und vermeidet Übertragungsfehler. Automaten machen Ergebnisse vorhersehbar und reduzieren die Fehleranfälligkeit.

Darüber hinaus beschleunigen Automatismen Betriebsabläufe immens. Und Geschwindigkeit spielt im aktuellen Business eine immer wichtigere Rolle. Die Bereitstellung von Infrastructure-as-a-Service(IaaS)-Ressourcen veranschaulicht das.

Infrastructure-as-a-Service-Buchungsprozess

Typischerweise werden IaaS über ein Portal im Intranet oder Internet bestellt. Beim Public-IaaS-Zugriff hinterlegt der Nutzer seine Kreditkarten-Daten und eröffnet einen Account beim entsprechenden Anbieter. Die Bestellung über das Portal löst nun eine Kaskade von Automatismen aus, die den kompletten Lifecycle des bestellten Systems managen: Bereitstellung von Hardware und Betriebssystem, Storage, evtl. Load Balancing, Betrieb des Systems (ggfs. über einen längeren Zeitraum) bis hin zum Abschalten.

Dazu stellt der Automat beim Anbieter entsprechende CPU-Kerne aus dem Ressourcen-Pool bereit und installiert das gewünschte Betriebssystem. Moderne Automaten für die Cloud erlauben dabei eine Abkehr vom Image-Einsatz und nutzen Policies: Während des Deployment-Vorgangs fragt der Automat hinter den Kulissen bestimmte Rahmenbedingungen ab (Lieferung aus Rechenzentrum X oder Virenscanner Y nötig) und reagiert darauf. Wird das System längerfristig genutzt, überprüfen Automatismen dessen Gesundheitszustand, monitoren die Nutzung, passen (falls so bei der Bestellung vereinbart) die Ressourcen nach oben oder unten an, legen Back-ups an und patchen die notwendigen Ressourcen. Bei Ende der Nutzung sorgen Automatismen für die Freigabe der Ressourcen und geben die erfassten Nutzungsdaten weiter, damit der Preis ermittelt und die Abbuchung vorgenommen werden.

Der gesamte Bereitstellungsvorgang nutzt eine einzige menschliche Interaktion: das Auslösen des Bestellvorgangs. Die Beendigung der Geschäftsbeziehung benötigt nicht einmal das: Gibt der Nutzer einen bestimmten Nutzungszeitraum vor, übernimmt der Automat auch das Auflösen des nutzerspezifischen IaaS. Durch Automatismen entsteht ein immenser Geschwindigkeitsvorteil, den die Nutzer von Cloud Computing erwarten. Oder anders gesagt: ohne Automaten keine Cloud.

5.4 Rolle der Configuration Management Data Base

Eine spezielle Rolle für die Automatisierung spielt die Configuration Management Data Base (CMDB). Die CMDB ist eine Übersicht über alle von der IT-Abteilung gemanagten Systeme (vgl. Abb. 5.2). Alle relevanten ITIL-Prozesse greifen auf sie zu und liefern aktuelle Informationen dort ab. Es liegt auf der Hand, dass die Qualität der CMDB entscheidend ist für ein effizientes Management. Die besten Runbooks, Tools und Standardisierungsgrade verlieren ihren Wert, wenn die Automatisierung nicht „weiß", welches System sie bearbeiten soll. Zudem werden Abhängigkeiten in der IT-Landschaft, also beispielsweise, welche Server auf welchen Wegen auf welche Storageboxen zugreifen, ohne gepflegte CMDB nicht sichtbar. Zuletzt wird bei unbekanntem Status der jeweiligen Komponente diese nicht richtig behandelt. Das heißt, es entstehen unnötige Aufwände, indem möglicherweise ein Downgrade erfolgt, oder gar kritische Fehler, indem falsche Anweisungen ausgespielt werden und Server so ausfallen, oder noch komplexer: Der Automat repariert eine Datenbank, während er gleichzeitig eine andere zerstört.

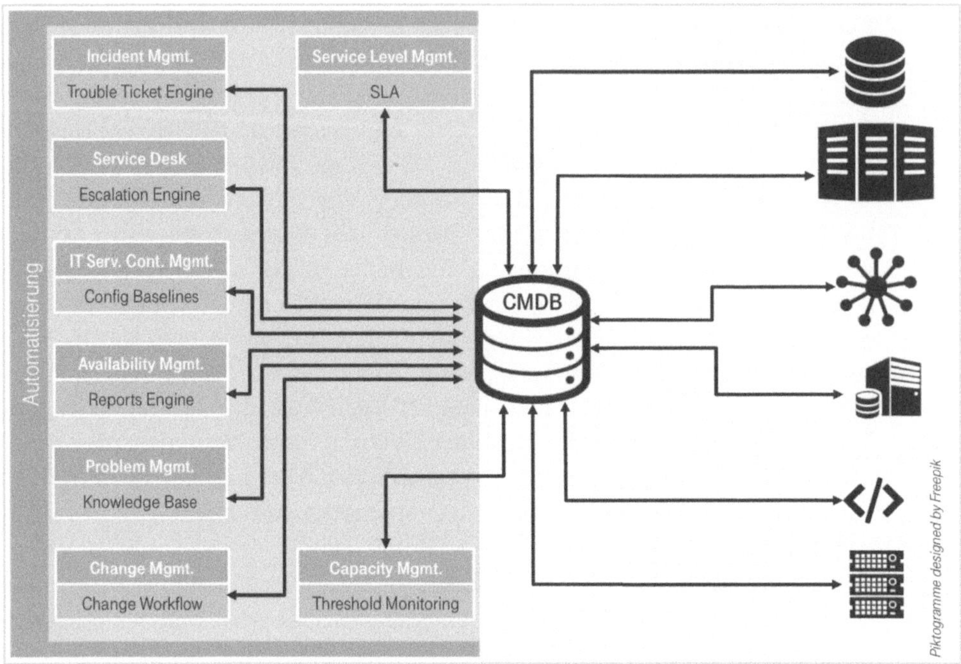

Abb. 5.2 Zentrale Rolle der CMDB für IT-Management und -Komponenten

Die Configuration Management Data Base enthält ein Verzeichnis der kompletten IT-Stacks: Servernamen und -arten, Physik der Komponenten, zugeordnete Betriebssysteme und deren Versionen, Datenbanken, Middleware, Applikationen, die darauf laufen. Darüber hinaus vermerkt die CMDB die Konfigurationen der Komponenten und deren Beziehungen: Sie ermöglicht die Sicht nicht nur auf einzelne Systeme und Server, sondern auch auf deren Abhängigkeiten, also welche Server, Datenbanken, Switches oder Storage-Systeme für einen Service zusammenarbeiten. Oder welche Datenbanken von mehreren Applikationen genutzt werden.

Beim Ausfall einzelner Komponenten ist über die CMDB sehr schnell zu ermitteln, welche anderen Komponenten davon betroffen sind; das Ausmaß der Auswirkungen wird also sichtbar. Zusätzlich kann identifiziert werden, wo das festgestellte Problem seinen Ursprung hat. Die CMDB ist also eine existenzielle Managementinstanz, die hilft, den gesamten IT-Layer im Griff zu behalten – auch im Fall von Änderungen.

Beim Einsatz von Automation ist diese Kontrollinstanz umso wichtiger, da die IT-Verantwortlichen sich auf die Automaten verlassen. Ohne menschliche Kontrolle werden die Auswirkungen im Schadensfall umso heikler. Die Automaten müssen zuverlässig so gespeist werden, dass sie das Richtige machen.

Beispiel

Das Monitoring-System stellt fest, dass ein Filesystem zu 90 Prozent belegt ist. Dieser Impuls startet einen Automaten entsprechend dem Runbook, der das aufkommende Problem bewältigen muss. Er trifft in Abhängigkeit der Daten und der Natur des Filesystems eine Entscheidung: löschen, komprimieren oder archivieren? Wenn nun die CMDB falsche Informationen über das Filesystem vorhält, werden die Daten falsch eingestuft, sodass sie, statt für steuerliche Belange archiviert zu werden, gelöscht werden.
Gerade in umfangreichen IT-Landschaften sind die Zusammenhänge zwischen den einzelnen Bestandteilen einer Komplettlösung nicht immer einfach zusammenzubringen. Ohne Configuration Management Data Base können Automaten keine guten Entscheidungen fällen. Ganz zu schweigen vom manuellen Management.

5.5 Stufen der Automatisierung/Reifegrad

Die Meinung darüber, wo Automatisierung beginnt, ist bei Experten umstritten. Ein Teil sieht den Start bei der bereits erwähnten hardwarenahen Automatisierung, die die Hersteller als erweiterten Bestandteil ihrer Produkte liefern, andere definieren den Startpunkt dort, wo sich findige Administratoren über einfache Skripte die Arbeit erleichtern.

Sicher jedoch ist, dass sich verschiedene Reifestufen beim Unternehmenseinsatz unterscheiden lassen. Dabei spielen Tools eine entscheidende Rolle, die entweder als fertig funktionstüchtige Pakete angeboten werden (Standards für Standardaufgaben) oder speziell komponiert bzw. programmiert werden, um Aufgaben wahrzunehmen, die über Standards hinausgehen.

Der zunehmende Reifegrad von Automatisierung (und die damit verbundene Komplexität der Automation) lässt sich an drei Parametern ermessen:

1. Der Intelligenz und Funktionalität der eingesetzten Tools (End-2-End-Automaten inkl. Prozessautomatisierung vs. einfache Orchestrierung vs. Basisniveau, z. B. über Skripte)

2. Dem Umfang der Automation (für wie viele Prozesse bzw. Systeme Automation zum Einsatz kommt)
3. Der Integration der verschiedenen Automationsmaßnahmen (der Verzahnung einzelner Automationsschritte)

Der klassische Start der Automation liegt beim Einsatz von Einzelbausteinen. Diese sind auf Komponenten, meistens konkreter Hersteller, zugeschnitten. Bei den Komponenten kann es sich um Hardware, aber auch beispielsweise um Datenbanken handeln. Diese technische Automatisierung ist stark mit der jeweiligen Komponente integriert und bietet für das spezifische Umfeld eine unerlässliche und meist sehr funktionale Unterstützung der Verantwortlichen. Nichtsdestoweniger entsteht damit – gerade in großen IT-Landschaften – eine umfangreiche Menagerie von Tools, die nicht miteinander interagieren – und deswegen unter dem Strich teuer und aufwendig sind.

Im zweiten Schritt gilt es daher, diese Einzelbausteine über Managementtools zu orchestrieren. Die sogenannte Orchestration Engine ermöglicht von einer einheitlichen Stelle aus das Management der Menagerie und professionalisiert damit die komponentennahe Automatisierung.

Im dritten Schritt wird die Automatisierung an den Prozessen im Rechenzentrum gespiegelt. Die Automationstools lösen sich von den einzelnen technischen Stacks. Die Prozessabbildung wird den Tools gegenübergestellt, Lücken werden identifiziert und – falls sinnvoll – geschlossen. Die Automatisierung wird auf dieser Ebene mit den IT-Prozessen synchronisiert. Am Ende dieser Stufe stehen Automatisierungslösungen, die ganze Einzelprozesse unterstützen (vgl. Abb. 5.3).

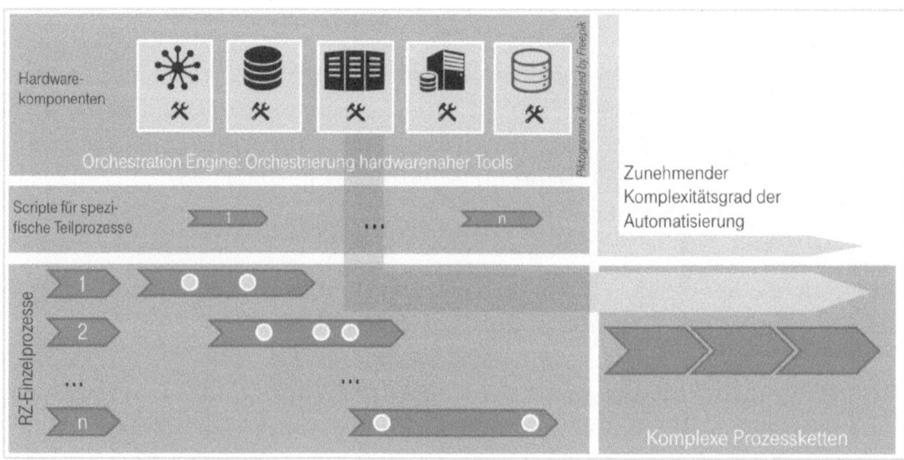

Abb. 5.3 Reifegrade der Automation

Will man jedoch ganze Ketten von Prozessen unterstützen, kommt man nicht umhin, die Integration der Automation weiter voranzutreiben. Eine hochgradige Integration einzelner Prozessketten hin zur Unterstützung der gesamten Prozesslandschaft umfasst auch zusätzlich Monitoring und Ticketing, also die automatisierte Erfassung des Zustands einzelner Systeme sowie des Gesamtsystems und die Auslösung von Reparaturanfragen im Fall von Incidents. Dafür ist eine weitere Metasoftware nötig, die mit vorhandenen Tools aus dem IT-Service-Management oder dem Event Management integriert wird. Manche Lösungen bieten dies auch komplett an.

Die Prozesse dieser Ebene müssen nicht auf der internen Ebene stehen bleiben. Bei Änderungen können hier automatisch die Zustimmungen der jeweiligen Kunden initiiert werden. Dazu löst das Tool eine Anfrage aus, die via SMS, App oder E-Mail ein Approval der Verantwortlichen beim Kunden einholt. Natürlich kann ein solches Tool auch Freigabe-Kaskaden abbilden.

Mit den zusätzlichen Aufgaben müssen auch die Fähigkeiten der Tools wachsen: Tools mit hoher Intelligenz betreuen nicht nur umfangreichere Prozesse und Prozessketten, sondern bieten Module mit hoher Funktionalität. So können Tools Policy-basiert arbeiten. Policies erlauben eine situationsgerechte Reaktion. Das heißt, es werden auch nicht-lineare Automatismen möglich, die Fallabfragen nach dem Wenn/Dann-Prinzip bearbeiten. Hoch entwickelte Tools bieten mit fertig vorbereiteten Modulen beispielsweise Compliance-Abfragen: So können Tools dieser Ebene die Einhaltung bestimmter Standards von Systemen (bspw. Healthcare-Normen, SOX-Compliance) überprüfen.

Beispiel Policy-Einsatz

Bei einer Compliance-Prüfung werden (bei Inbetriebnahme festgelegte) Prüfpunkte adressiert, an denen die Passwort-Policy geprüft wird. Das Tool ordnet dazu dem jeweiligen Server eine Policy zu, die signalisiert, dass die entsprechende Passwort-Compliance bei Veränderungen oder auch beim Aufsetzen geprüft und durchgesetzt wird. Die Compliance kann damit auch auf Knopfdruck überprüft werden, sodass auf einen Blick sichtbar wird, welcher Server die Anforderungen erfüllt und welcher nicht. Bei Abweichungen besteht auch die Möglichkeit einer automatisierten Umsetzung der Policy.

Mit der Zunahme der Intelligenz und der Funktionalität der Tools kommen damit immer wieder zusätzliche Managementebenen der Automation hinzu. Schon heute managen Maschinen Maschinen, die Maschinen managen und Änderungen automatisch in der CMDB ablegen. Alle diese Interaktionen müssen bei jeder Weiterentwicklung geprüft und sichergestellt werden. Doch umfassende Automatisierung ist nicht nur eine Frage von Maschinen. Auch Menschen müssen lernen, in den Kategorien der Automatisierung zu denken. Das hat zur Folge, dass Prozesse, nach denen Menschen arbeiten, sich bisweilen an den eingesetzten Tools orientieren müssen.

Patching mit hoch entwickeltem Automaten

Der Umfang des Patching-Aufkommens im Rechenzentrum macht den Einsatz eines passenden Automaten nötig. Doch die Funktionalität eines hoch entwickelten Automaten im Rechenzentrum startet nicht erst beim Ausrollen der Patches, sondern schon wesentlich früher. Die Herstellerempfehlungen für neue Patches werden direkt vom Automaten aufgenommen. Alternativ kann der Automat auch in bestimmten Intervallen aktiv nach Patches bei den Herstellern fragen. Nachdem er erkannt hat, dass Patches vorhanden sind, lädt er diese und stellt sie entsprechend einer Policy zusammen, die prüft, welche Patches gemeinsam ausgerollt werden können. Dazu prüft er insbesondere Interdependenzen der einzelnen Updates, aber auch die verfügbare Netzkapazität, um einen reibungslosen Rollout zu gewährleisten. Im nächsten Schritt legt er die Maintenance-Fenster fest, in denen der Rollout erfolgen soll. Nach erfolgter Planung löst er eine Information an die betroffenen Kunden aus und holt deren Zustimmung zum Zeitfenster ein oder verschiebt den Patch, wenn die Zustimmung nicht vorliegt. Sobald die Freigaben für das Patching vorliegen, wird der Auftrag in die Patching-Warteschlange verschoben. Nach dem Rollout werden die Änderungen in der CMDB dokumentiert. Nach erfolgtem Patch checkt der Automat die Lauffähigkeit der geänderten Systeme (Check-Protokoll) und startet die Systeme wieder. Fällt der Check negativ aus, initiiert der Automat einen Rollback und eskaliert den fehlgeschlagenen Patch an einen Administrator.

5.6 Tools für Automatisierung

Die Basis der Automatisierung sind Tools verschiedenen Komplexitätsgrades. Die grundlegende Frage bei der Auswahl von Automatisierungstools ist: Welches Paket nimmt den Verantwortlichen welche Last ab? Und dabei werden im ersten Blick die Tools in den Fokus geraten, die Aufgaben übernehmen, die sehr häufig auf der operativen Agenda stehen.

Automaten übernehmen ganz unterschiedliche Aufgaben, die sich in zwei Kategorien unterteilen lassen: Die Gruppe der passiven Automaten holt Daten von den IT-Systemen ein. Diese Automaten prüfen den Gesundheitszustand, den Durchsatz, den Status und die Auslastung von CPUs sowie die Compliance mit Kundenvorschriften und melden Störungen. Aktive Automaten reagieren beispielsweise auf diese Informationen; sie weisen IT-Systeme an, bestimmte Workflows auszuführen: Sie kopieren und löschen Daten, schalten Hardwareressourcen ein oder ab, starten z. B. Services durch Schnittstellen zur menschlichen Interaktion.

Die niedrigste Ebene von Tools managt Hardware, Storage und Netz – diese Tools stammen zumeist von den jeweiligen Herstellern. Sie können und sollten auch im Rahmen einer umfassenderen Automation als Basiskomponenten genutzt werden, sofern dies nicht im Leistungsumfang einer höherwertigen Automatisierungssoftware integriert ist. Dies repräsentiert aber nur einen kleinen Teil des Gesamtbildes.

Auf der Ebene darüber stehen komponentenunabhängige Tools. Lange Zeit galt beim Einsatz von Automationstools die Maxime „Tool follows process". Die zunehmende Bedeutung der Automation und die Fülle an Möglichkeiten von Lösungssuiten für die höheren Ebenen führen zu einem Umdenken. Heutzutage gilt: „Process follows tool". Das heißt, dass Unternehmen, die ein Automatisierungstool einführen, sich mit der Philosophie des Tools vertraut machen und ihre Automationsprozesse auf die Möglichkeiten des (Haupt-)Tools ausrichten müssen. Jedes Tool hat seine spezifischen Stärken, Schwächen, Mechanismen und sollte dementsprechend passend zu den anstehenden Herausforderungen im Unternehmen gewählt werden. Nur wer die Philosophie des Tools kennt, kann dessen Möglichkeiten optimal einsetzen.

Neben dem „Fit" zu den Herausforderungen und der IT-Landschaft sollten bei der Auswahl eines Tools auch dessen Funktionalität, Kosten und – nicht zu unterschätzen – die notwendigen Fortbildungsaufwände bedacht werden.

Die Leistungsfähigkeit eines Tools ist wesentlich von seinen vordefinierten und vorkonfigurierten Automatenmodulen abhängig, die vom Hersteller bereitgestellt oder in Communities veröffentlicht werden. Sie lassen sich schnell parametrisieren und können quasi „aus der Box" eingesetzt werden.

Je stärker Standards (auch Herstellerstandards) in einem Rechenzentrum eingehalten werden, desto eher lassen sich vorkonfigurierte Standardautomaten einsetzen, was die Kosten deutlich senkt.

Hoch entwickelte Automationstools für die höheren Ebenen verfügen über weitere leistungsfähige Module, die auch komplexere Funktionalitäten mitbringen. Der Anwender erhält damit weitreichendere Möglichkeiten, muss sich aber eben, wie oben beschrieben, auf die „Denkweise" des Tools einlassen. Typisch für diese Art von Tools ist es, dass manuelle Workflows elektronisch abgebildet werden können, indem verschiedene Informations- und Ausgabequellen einbezogen werden (Admintools, Monitoring, Ticketing).

5.7 Automatisierung einführen

Am Beginn jedes Automatisierungsprojekts steht eine Kosten-Nutzen-Betrachtung, also: Welchen Aufwand muss das Unternehmen betreiben und welchen Mehrwert erhält es dadurch? Dazu gehören Fragestellungen nach der Geschwindigkeit der Automationseinführung, der gewonnenen Zeitersparnis, der Risikominimierung durch vermiedene Fehler. Im Übrigen dürfen diese Fragen nicht nur punktuell betrachtet werden, sondern vor allem im zeitlichen Verlauf. Automatisierungstools müssen regelmäßig angepasst werden. Neben den reinen Tool- und Betriebskosten für die Werkzeuge rücken damit Pflege- und Fortentwicklungsaufwände in den Fokus der Wirtschaftlichkeitsbetrachtung. Zudem besteht die Notwendigkeit der Dokumentation für die Entwicklung des Automationstools selbst, um Compliance- und Security-Vorgaben zu erfüllen und Transparenz über die Arbeit des Tools zu behalten.

Sind diese grundlegenden Fragen beantwortet, kann mit dem Aufsetzen eines Automatisierungsprojektes gestartet werden.

1. Initialisierung: Festlegen eines Sets von Toolherstellern
2. Entscheidung über die Automationsplattform beantwortet die Frage, wo die Automationssoftware betrieben wird.
3. Integration oder Ersatz weiterer (bereits existierender) Systeme für Monitoring und Ticketing
4. Installation der Automatisierungssoftware (Kernkomponenten)
5. Aktivierung der Automatisierung: Rollout
6. Technische Anbindung der Systeme, die automatisiert werden sollen
7. Programmierung/Parametrisierung der Automaten
8. Test der Automaten
9. Sukzessive Aufnahme des Produktionsbetriebs (sowohl im Hinblick auf den Umfang der Software als auch auf die Anzahl der gemanagten Systeme)
10. Evtl. Anpassung des Rollouts auf Basis der Pilotergebnisse

5.8 Automatisierung leben

Läuft die Automatisierungslösung stabil, kann sie kontinuierlich um weitere Automaten ergänzt werden. Es sollte darüber hinaus nicht vergessen werden, dass Automaten „leben“: Sie müssen zum einen auf Änderungen an den gemanagten Systemen reagieren – zum Beispiel muss die Funktionstüchtigkeit auch bei Updates der Systeme gewährleistet sein –, zum anderen müssen neue Releases der Automationssoftware reflektiert werden.

Der wichtigste Punkt bei Automaten ist nicht deren einmaliges Erstellen, sondern ihre Pflege und laufende Weiterentwicklung. Dazu gehört auch, dass Unternehmen fähige Automationsspezialisten in ihren Reihen haben, die in der Lage sind, Automaten zu entwickeln und zu aktualisieren. Dazu ist häufig eine einjährige Ausbildung notwendig – plus einige Jahre Erfahrung mit der Philosophie der entsprechenden Software. Der Faktor Mensch bleibt also auch in Zeiten der Automatisierung eine entscheidende Größe – nicht mehr als Instanz, die Standardaufgaben wahrnimmt, sondern als Gestalter der Entwicklung von Automatisierung.

Autoren

Steffen Thiemann arbeitet bei T-Systems International GmbH seit mehreren Jahren in koordinierenden Funktionen im Bereich Automation in den Global IT Operations. Im Jahr 1988 startete er seine Laufbahn als diplomierter Schiffbauingenieur im Bereich Computational Fluid Dynamics und Supercomputing. Danach folgten mehrere verantwortliche Aufgaben im Produktmanagement für Rüstungskonversionsprodukte. Im debis Systemhaus und später bei T-Systems übernahm Thiemann Positionen im Sales Consulting, Projektmanagement und dann in der Leitung regionaler Service Desks. 2002 übernahm er die Leitung der Process-Delivery-Prozesse, die sich insbesondere mit dem Design und dem internationalen Rollout von ITIL-Prozessen befasste. Seit 2009 koordiniert Thiemann die Automationsprojekte im Bereich IT Operations.

Dr. Carsten Jörns ist Vice President Global Quality, Processes & Projects bei T-Systems International GmbH. Nach einem Studium der Elektrotechnik mit Schwerpunkt Automatisierungstechnik an der Universität Kaiserslautern promovierte Jörns dort am Lehrstuhl für Automatisierungstechnik über komplexe industrielle Steuerungen. Von 1997 bis 2010 war er bei der IDS Scheer AG in Saarbrücken und Singapur beschäftigt, u. a. als General Manager für die Asia Pacific and Japan Region, Extended Board Member für Global Managed Services, Geschäftsleitung Deutschland für Consulting, Director Global Value Chain Management, mit einem Schwerpunkt auf SAP-Logistiklösungen. Seit 2010 arbeitet Carsten Jörns bei T-Systems in Saarbrücken, wo er zunächst als Vice President Sales International begann. Seit 2013 verantwortet er als Vice President im Board des Geschäftsbereichs IT Operations die Themen Qualität, Prozesse, Projekte sowie Automatisierung global. Unter seiner Leitung entsteht für die IT Operations derzeit ein hochinnovatives Automatisierungsframework.

Dr. Michael Pauly ist als Senior Consultant bei T-Systems International GmbH verantwortlich für die Positionierung und Weiterentwicklung neuer dynamischer ICT-Services zu erfolgreichen vermarktbaren Lösungen sowohl für große als auch für mittelständische Geschäftskunden. Nach erfolgreicher Promotion im Bereich Elektro- und Informationstechnik 1998 an der RWTH Aachen arbeitete er zuerst am Fraunhofer Institut AIS in Sankt Augustin. 2000 wechselte er zum debis Systemhaus, wo er als Consultant in den Bereichen Hochverfügbarkeit sowie Datenhaltung und -sicherung tätig war. Seit 2005 und einem berufsbegleitenden Studium im Wirtschaftsingenieurwesen gestaltet Dr. Michael Pauly den Bereich Cloud Computing sowie die Dynamic Services der T-Systems mit.

6 Die Hebelwirkung von Automatisierung beim Cloud Computing

Bernd Oster, Bernd Wendt

„... and then the cloud does all the heavy thinking for everybody."
Kurt Vonnegut jr., The Sirens of Titan, 1959

Cloud Computing ermöglicht die flexible Nutzung von Infrastrukturelementen und Anwendungen. Bei konsequenter Automatisierung entstehen den Unternehmen bei externem Bezug der Rechenleistung zusätzliche Vorteile gegenüber denjenigen, die bereits inhouse automatisiert haben. So können z. B. angeforderte Kapazitäten schnell und effektiv bereitgestellt, dynamisch skaliert bzw. auch wieder freigegeben werden – und das bei einer Abrechnung nach tatsächlicher Nutzung.

In der Praxis können die Verbrauchskosten bei Cloud-Providern durch die Kombination von Automatisierung und Self-Service massiv gesenkt werden – teilweise bis zu einer Höhe von 30 Prozent. Doch müssen hierzu einige Fallstricke beachtet werden, um auch langfristig das volle Potenzial der Cloud zu heben. Hierdurch sind neue Anforderungen auch an die Softwareentwicklung entstanden: Anwendungen müssen in Real-Time nicht nur berichten und loggen können, wie viele „concurrent users" zugreifen, sondern auch, welche Funktionen und Komponenten der Software gerade genutzt werden. Auf Basis dieser Daten können Anwendungen dann auf für die aktuelle Nutzung optimierte Konfigurationen umgelagert werden.

6.1 Einführung und Kontext

Im Jahr 1998 beschrieb eine Gruppe von bei Sun Microsystems arbeitenden Technologieexperten, wie sich die Aufgaben der IT-Abteilungen durch die neuen sich zu diesem Zeitpunkt etablierenden Technologien (Webserver, Java, modulare Anwendungsarchitekturen) ändern würden. Die daraus abgeleiteten Handlungsempfehlungen fassten sie unter dem Titel „Building the New Enterprise" zusammen (vgl. Kern et al. 1998).

Sie prognostizierten als Folgen der beginnenden Nutzung des Internets und der seit 1995 verfügbaren darauf basierenden kommerziell nutzbaren Technologien, dass durch Java bald jedes Gerät einen Webbrowser verwenden könnte und die kostenintensiven Fernleitungsstrecken durch das Internet abgelöst werden würden. So würde es möglich, den Kunden in das Netzwerk des (Daten-)Lieferanten einzubeziehen – und zwar genauso mit einem PC oder Laptop wie auch mit Mobiltelefonen oder persönlichen Organisationswerkzeugen (PDA – Personal Digital Assistant). Die neuen Technologien sahen sie als Brücke zu einer zentralen Bereitstellung von Leistungen über das Internet.

Erste betriebswirtschaftliche Konzepte im Umfeld der Informationstechnologie, die dies im Ansatz erfüllten und in großen Zügen dem schon entsprachen, was heute unter Cloud Computing verstanden wird, finden sich z. B. im Jahr 2003 beim Beratungsunternehmen META Group, welches ankündigte, es werde sich in den kommenden Jahren „On Demand Outsourcing" mit variablen Preisen durchsetzen (vgl. Davison 2003). Wenig später erschienen auch in wissenschaftlichen Ausarbeitungen der Wirtschaftsinformatik erste Konzepte, so z. B. „bedarfsabhängiger Bezug von Rechenleistung" (vgl. Reinicke 2005), „On Demand IT-Services" (vgl. Häberle et al. 2005), „Outtasking mit WebServices" (vgl. Österle 2006) und „Information Technology as a Service" (vgl. Qiu 2006).

Heute findet sich eine große Vielfalt von Anbietern, die mit Plattformen, Werkzeugen und Dienstleistungen die neu geschaffene Industrie des Cloud Computing zur Verfügung stellen. Doch stellt sich jetzt die Frage, welches die Schlüsselkonzepte sind, die zu einem Erfolg bei der Nutzung von Cloud Computing beim Anwenderunternehmen führen.

Aus Sicht der Autoren dieses Kapitels sind die beiden entscheidenden Konzepte für eine erfolgreiche Implementierung Self-Service und Automatisierung. Dabei ist Automatisierung eine notwendige Basis, um Self-Service überhaupt anbieten zu können.

6.2 Begriffsdefinitionen und -abgrenzungen

6.2.1 Cloud Computing vs. Nutzung von Cloud-Technologie im eigenen RZ

„Private Cloud" und „Public Cloud" ist wohl das zurzeit am häufigsten und missverständlichsten benutzte Begriffspärchen in der IT-Branche.

Folgt man der Definition der amerikanischen Standardisierungsbehörde NIST, so bezieht sich dieses Begriffspärchen nicht auf den Betriebsort einer Cloud-Umgebung, sondern ausschließlich auf die Zugriffsbeschränkung bezüglich des bereitgestellten Dienstes (vgl. NIST 2011). Nach dieser Definition sind nicht alle über das öffentliche Internet erreichbaren Angebote automatisch „Public Cloud"-Angebote, sondern die Zuordnung hängt davon ab, wie der Zugriff auf die Services gesteuert wird.

Ein Service aus einer Public Cloud muss nach dieser Definition von beliebigen, nicht zu einer bestimmten Organisation gehörenden Nutzern verwendet werden können. Ein Service aus einer Private Cloud darf nur von Anwendern einer einzigen Organisation verwendet werden dürfen. Haben Anwender aus mehreren, festgelegten Organisationen Zugriff auf einen Service, so nennt sich die Umgebung, aus der dieser Service bereitgestellt wird, „Community Cloud".

In der aktuellen deutschsprachigen Rede- und Schreibgewohnheit hat sich parallel eine dem entgegenstehende Deutung des Begriffspaares entwickelt. Die „Private Cloud" ist hier die Cloud im eigenen Rechenzentrum („on premise") oder die Cloud bei einem Provider, wenn die gesamte Umgebung inklusive physischem Unterbau dediziert für einen Kunden bereitgestellt wird. „Public Cloud" wird jedes Cloud-Angebot genannt, bei dem sich mehrere Kundenorganisationen die zugrunde liegenden Ressourcen teilen.

Um dieser Unschärfe entgegenzuwirken, bezeichnen einige Anbieter die von ihnen auf einer Shared-Infrastruktur bereitgestellten IaaS-Angebote als „Virtual Private Cloud" und meinen damit, dass über durch den Provider verwaltete Mechanismen dem jeweiligen Kunden dediziert – also exklusiv – virtuelle Ressourcen zur Verfügung gestellt werden, auf die in der Normalkonfiguration kein anderer Kunde Zugriff erlangen kann – auch wenn die darunterliegende physische Infrastruktur gemeinsam genutzt wird.

Dem schließen sich die Autoren in diesem Kapitel an und erweitern diesen Ansatz wie folgt:

On-Premise-Cloud: Nutzung von Cloud-Technologie im eigenen Rechenzentrum[1]

Dedicated Private Cloud: Auch physisch von anderen Kunden getrennte, mit Cloud-Technologie betriebene Umgebung bei einem Provider

[1] Dies ist keine Cloud im eigentlichen Sinne der NIST-Definition, da z. B. eines der entscheidenden Merkmale einer Cloud nicht zutrifft: Die bereitgestellte Kapazität in einer On-Premise-Cloud ist für den Kunden gleichbleibend und nicht elastisch.

Virtual Private Cloud: Von mehreren Kunden gemeinsam genutzte Cloud-Umgebung bei einem Provider, der die Kundentrennung technisch vornimmt und auch gewährleistet

Public Cloud: Umgebung, bei der die Abgrenzung gegenüber anderen Kunden durch die Kunden selbst gesteuert werden muss

Hybrid Cloud: Jede beliebige Kombination von zwei oder mehreren dieser Modelle

6.2.2 Automatisierung

Die aus dem Jahr 1998 stammende Definition des Begriffs Automatisierung durch die DIN V 19233 lautet: „Das Ausrüsten einer Einrichtung, sodass sie ganz oder teilweise ohne Mitwirkung des Menschen bestimmungsgemäß arbeitet" (vgl. Deutsches Institut für Normung e. V.).

Dieser Definition folgend ist das bloße Verpacken eines zu wiederholenden Arbeitsablaufes (Task Automation) z. B. durch Erstellen eines Skriptes eher die IT-Variante der Mechanisierung in der Industriebetriebslehre: Die fehlerfreie, höherfrequente Wiederholung einer Tätigkeit wird dem Menschen vereinfacht, ohne das dahinterstehende Fertigungsprinzip zu verändern.

Automation im engeren Sinne hat dahingegen zum Inhalt, autarke Systeme zu schaffen, die auf einen von außen stammenden Impuls reagieren und bedienungslos Tätigkeiten übernehmen.

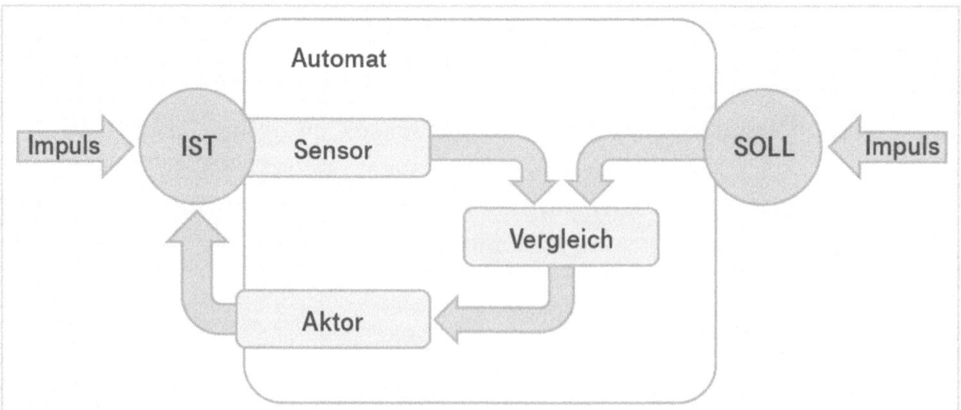

Abb. 6.1 Einfaches Modell eines Automaten

Impulse können dabei entweder den aktuellen Zustand so verändern, dass dieser von einem im System hinterlegten Zielwert abweicht, oder Impulse können den Zielwert verändern, sodass der Systemzustand vom neuen Zielwert abweicht. In beiden Fällen reagiert ein automatisiertes System auf die Abweichung zwischen IST und SOLL, um den beabsichtigten Zustand herzustellen (vgl. Abb. 6.1).

Self-Service ist aus Sicht dieses Modells lediglich ein Impuls, der zu einer Veränderung des Zielwertes führt. Auch die Nutzung eines Self-Services ist damit kein Eingriff in das betrachtete System – dieses läuft autark, d. h. im Zero-Touch-Modus.

6.3 Domänen der Automatisierung im Rechenzentrumsbetrieb

Beim Betrieb von IT-Infrastrukturen und -Anwendungen bieten sich zahlreiche Ansatzpunkte zur Nutzung von Automatisierung. Um die Einsatzgebiete voneinander abzugrenzen, bietet sich die Orientierung an einem einfachen Infrastruktur-Stack an, wie sie in Abb. 6.2 für eine Auswahl von Automatisierungsdomänen vorgenommen wurde.

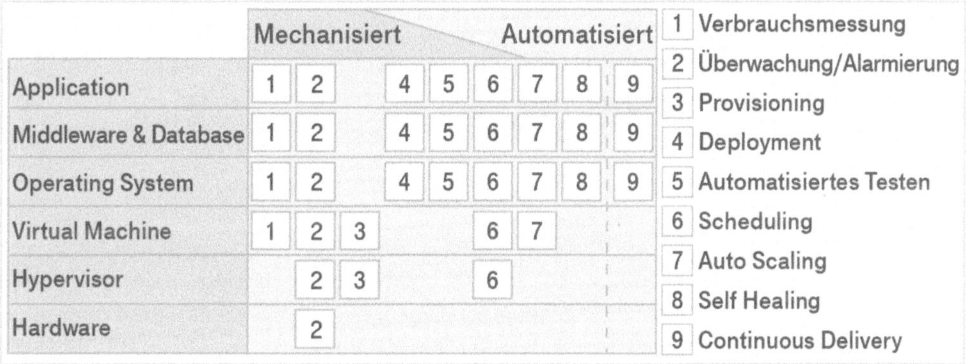

	Mechanisiert								Automatisiert
Application	1	2		4	5	6	7	8	9
Middleware & Database	1	2		4	5	6	7	8	9
Operating System	1	2		4	5	6	7	8	9
Virtual Machine	1	2	3			6	7		
Hypervisor		2	3			6			
Hardware		2							

1 Verbrauchsmessung
2 Überwachung/Alarmierung
3 Provisioning
4 Deployment
5 Automatisiertes Testen
6 Scheduling
7 Auto Scaling
8 Self Healing
9 Continuous Delivery

Abb. 6.2 Domänen der Automatisierung und Mechanisierung in der IT

Insbesondere oberhalb des Hypervisors ermöglichen Mechanisierung und Automatisierung eine Vielzahl von bedienerlosen Operationen wie das Bereitstellen einer neuen virtuellen Maschine, inklusive der Bestückung dieser Maschine mit Betriebssystem und Middleware-Software, oder das Bereitstellen ganzer Anwendungssysteme, bestehend aus mehreren unterschiedlichen Instanztypen.

Verbrauchsmessung und **Überwachung/Alarmierung** sind mechanisierbare Operationen, die auch in klassischen Betriebsmodellen bereits über entsprechende Werkzeuge mit geringem manuellem Aufwand erfolgen.

Provisioning ist die Zuweisung virtueller Ressourcen an neue oder bestehende Virtuelle Maschinen (VM), wobei diese virtuellen Ressourcen aus Compute-, Storage- und/oder Netzwerk-Kapazität bestehen können. Ist der Provisionierungsalgorithmus dynamisch aufgebaut und kann im Fehlerfall alternative Ressourcen verwenden, sind auch bei der Provisionierung echte Automatisierungsfälle abbildbar.

Deployment bezeichnet das Aufbringen von Software auf einem physischen oder virtuellen System. Üblicherweise wird die Erstinstallation eines Betriebssystems als Bestandteil des Provisioning angesehen – spätestens ab der Installation von Wartungspaketen (Patches) und der Installation spezieller Software wird der Vorgang als Deployment bezeichnet. Um auch bei voneinander abweichenden Grundsystemen noch einen hohen Automatisierungsgrad zu erreichen, müssen die in einem Deployment-System verwendeten Algorithmen eine Adaptionsfähigkeit an das Vorgefundene vorsehen.

Automatisiertes Testen ist der Mechanisierung zuzurechnen, insofern statische Testskripte verwendet werden, die bei jeder Programmänderung mit hohem Aufwand angepasst werden müssen. Hingegen evaluieren modernere Ansätze aus dem Umfeld des Continuous Delivery Last und Stabilität automatisiert, bevor neuer Code zur Produktion übergeben wird.

Scheduling und Batch-Steuerung sind keine Erfindungen des Cloud-Zeitalters, sondern alterprobte Standardaufgaben des Rechenzentrumbetriebes. Automatisierung erfolgt erst dann, wenn auf Fehlschläge und Abbrüche von Einzelaufgaben dynamisch reagiert wird und z. B. nach Korrektur der Abbruchursache eine Wiederholung der Prozesse vom System eigenständig angestoßen wird.

Auto Scaling bezeichnet sowohl die automatisierte Reaktion auf bereits erhöhte Last (dann ist Auto Scaling eine Reaktion auf einen Impuls, der an einem Sensor ankommt, z. B. erhöhte RAM-Auslastung oder erhöhte CPU-Auslastung) als auch die vorauseilende Bereitstellung zusätzlicher Ressourcen, wenn dieser Bedarf bereits abzusehen ist – sei es über Schwellwerte von Messpunkten oder über definierte Zeitbereiche.

Beispiele hierfür sind die Zählung der angemeldeten User und das automatische Starten weiterer Systeme, wenn eine bestimmte Anzahl von Nutzern erreicht wurde, oder auch das Bereitstellen von zusätzlicher Kapazität aufgrund von Erfahrungswerten, die saisonale oder uhrzeitabhängige Schwankungen des Bedarfs vorwegnehmen.

Self Healing ist das selbstständige Erkennen von Fehlersituationen mit einer entsprechenden Reaktion auf den Fehler – im einfachsten Fall das Neustarten eines gestörten Servers.

Continuous Delivery steht ein wenig neben den bisher beschriebenen Anwendungsfällen für Mechanisierung und Automatisierung. Im einfachen Fall handelt es sich bei Continuous Delivery um eine Methodik für den permanenten Rollout neuer Softwareversionen – bis zu mehrmals an einem Tag. Dazu stellt Continuous Delivery Konzepte und Werkzeuge zur Verfügung, um Code-Änderungen auf ihre Auswirkungen und ihre Vereinbarkeit mit der Grundstabilität zu überprüfen. Letztlich werden Continuous-Delivery-Systeme sich aber zu autonomen Apparaten entwickeln müssen, die alle für ein Code-Update notwendigen Nebenbedingungen (z. B. Laden zusätzlicher Treiber, Installation OS-Patch) zunächst herbeiführen, bevor der neue Code ausgerollt wird. Sollte eine der Nebenbedingungen nicht herstellbar sein, so wird die Ausgangsbasis wiederhergestellt.

6.4 Auswirkung der Automatisierung

6.4.1 Nutzen der Automatisierung im eigenen RZ

Automatisierung ist weder eine Erfindung des Cloud-Zeitalters noch sind die Vorteile beschränkt auf die Nutzer von Cloud-Services. Bereits im eigenen Rechenzentrum können durch den Einsatz von Automatisierungswerkzeugen erhebliche Vorteile erlangt werden.

In Bezug auf das eingesetzte Personal ist der Effekt der reinen Reduzierung der benötigten Personalstärke offensichtlich, steht aber aus Sicht der Autoren hinter dem Effekt auf die benötigten Skillsets: Auf der einen Seite werden die Know-how-Träger – und solche benötigt man für den Aufbau und den Betrieb von Automatisierungslösungen immer noch im eigenen Haus – von eintönigen Aufgaben entlastet. Auf der anderen Seite können technisch-administrative Funktionen, für die hohe administrative Rechte und damit auch hohes Know-how über die genutzte Technologie benötigt werden, so in Automatisierungswerkzeugen gekapselt werden, dass diese Funktionen auch durch Personal mit niedrigerem Skill Level ausgeführt werden können. Dies verringert das Risiko, dass durch mangelnde Erfahrung und Expertise ein Bedienungsfehler zu Störungen führt.

Ein weiterer Aspekt, der bereits im eigenen Rechenzentrum zu beachten ist, ist die Steigerung der Qualität durch Automatisierung, da durch das Eliminieren manueller Arbeitsschritte auch die Fehlerquote sinkt. Dies ist nicht IT-spezifisch, sondern gilt in jeder Branche: Durch Mechanisierung/Automatisierung erfolgt eine Vergleichmäßigung der Lieferqualität auf einem höheren Niveau als bei manueller Serienfertigung.

Neben der Reduzierung von Fehlern hat Automatisierung weitere Effekte auf die Servicequalität: Zum einen wird durch eine bedienerlose Reaktion auf Fehlzustände die Verfügbarkeit erhöht, da bereits Reparaturmaßnahmen eingeleitet werden können, bevor das Bedienpersonal den Fehler überhaupt wahrnimmt. Insbesondere bei einer durch Rufbereitschaften abgesicherten Nachtverarbeitung können erhebliche Verbesserungseffekte erzielt werden. Zum anderen ist der Durchsatz pro Zeiteinheit und Mitarbeiter wesentlich höher, wenn mechanisierte Verfahren statt Handarbeit angewendet werden. Dies führt zu kürzeren Reaktionszeiten – nicht nur im Fehlerfall, sondern auch bei Service Requests. Schließlich erlaubt Automatisierung auch das (automatisierte) Nachstellen von Fehlersituationen, die erst durch die Automatisierung herbeigeführt wurden.

Ferner werden durch eine vorweggenommene Skalierung jene Fehlerzustände vermieden, die durch Überlastung technischer Ressourcen verursacht werden, wenn bereits vor Erreichen eines Mangelzustandes eine automatische Skalierung erfolgt.

6.4.2 Zusätzlicher Nutzen bei Bezug von Cloud-Services

Sämtliche im vorhergehenden Abschnitt genannten Vorteile einer konsequenten Mechanisierung und Automatisierung gelten auch beim Bezug von RZ-Leistung aus einem standardisierten Angebotspool eines Cloud-Providers.

Der in der Fachpresse und auch von den Toolanbietern häufig genannte Anwendungsfall des Auto Scaling, also der automatischen Anpassung der Menge genutzter bzw. für einen speziellen Service zur Verfügung stehender technischer Ressourcen sowohl nach oben als auch nach unten, ist zwar auch im eigenen Rechenzentrum möglich und hat dort stabilisierende Effekte – doch ist eine kostensparende Auswirkung und auch der Umfang der Skala der Skalierbarkeit bei einer On-Premise-Cloud eingeschränkt: Es entfallen kaum Kosten, wenn ein gerade nicht genutzter virtueller Server über eine Automatisierungslösung im eigenen Rechenzentrum heruntergefahren wird und auf die nächste Nutzung wartet. Die im eigenen Rechenzentrum eingesetzten Hypervisor haben bereits Build-in-Funktionen, mit denen ungenutzte Ressourcenverbraucher in einen Suspend-Modus gelegt werden, wodurch keine technischen Ressourcen mehr blockiert werden.

In Bezug auf die Skala ist mit vertretbaren Mitteln im eigenen Rechenzentrum lediglich ein Bruchteil der Skalenbreite erzielbar, wie diese bei großen Cloud-Providern zur Verfügung steht.

Steigerung der Agilität für das Business

Skalierung muss sich nicht ausschließlich auf einzelne Servertypen oder die Ressourcen eines einzelnen Servers beziehen. Ein Beispiel aus der Versicherungswirtschaft zeigt, in welchem Maße die beliebige Skalierbarkeit ganzer Systeme eine erhebliche Auswirkung auf die Arbeitsweise von Knowledge-Workern hat: Im traditionellen On-Premise-Betrieb stehen Versicherungsmathematikern begrenzte Ressourcen im Sinne von parallel nutzbaren, auf Monte-Carlo-Simulationen zurückgreifenden Risk-Management-Systemen zur Verfügung. Die Rechenzeit auf diesen Systemen ist knapp, sodass die Nutzung unter den Anwendern aufgeteilt werden muss.

Der erste Vorteil einer Cloud-Implementierung ist hier offensichtlich: Bei einer Lizenzierung nach benannten Usern kann bei der Nutzung von „echter" Cloud-Infrastruktur bei einem Provider jedem Nutzer sein eigenes System zur Verfügung gestellt werden – und zwar immer genau dann, wenn der Anwender das System nutzen möchte, und nicht dann, wenn ihm eine Zeitscheibe zugeteilt wird.

Folgt man diesem Ansatz noch konsequenter, so können jedem Anwender mehrere Systeme gleichzeitig zur Verfügung gestellt werden, sodass die Berechnung anhand des aktuellen Berechnungsmodells parallel mit der Berechnung nach einem oder mehreren angepassten Modellen erfolgen kann. Nach Abschluss der Berechnungen kann der Versicherungsmathematiker entscheiden, ob ein abgewandeltes Modell bessere Ergebnisse geliefert hat.

Bei einem On-Premise-Modell stehen für die Weiterentwicklung von Modellen allenfalls in Randzeiten die benötigten Compute-Kapazitäten zur Verfügung. Die Kombination von Cloud Computing mit Skalierung und Automatisierung erzielt hier erhebliche Vorteile für die Business-Anwender – nicht nur in Bezug auf Geschwindigkeit der Ergebnislieferung, sondern auch in Bezug auf Flexibilität, Agilität und Innovation. Und nebenbei reduziert sie Arbeit in den Tagesrandzeiten und sorgt für eine bessere Work-Life-Balance der betroffenen Knowledge-Worker.

Fehlertoleranz einmal anders

Ein weiterer Aspekt ist die Reduzierung der Kosten von Fehlern z. B. beim Sizing von Systemen. Wenn die Neuinstallation eines Systems im Zero-Touch-Ansatz bedienerlos abläuft, so ist es aus Kostensicht nahezu unerheblich, ob das System ein, zwei oder viele Male neu aufgesetzt wird, bis eine optimale Konfiguration/Kombination von Konfigurationen gefunden wurde.

Automatisierung in Verbindung mit einem nach Nutzung abrechnenden Provider ist Voraussetzung für diesen Effekt. Der Vergleich der so ermittelten Performance-Werte kann aber noch zu einer weiteren Hebelwirkung führen: Wenn für unterschiedliche Phasen der Nutzung eines Anwendungssystems unterschiedliche Konfigurationswerte optimal sind, kann durch Automatisierung der Konfiguration im laufenden Betrieb oder bei einem Durchstarten der Anwendung die Konfiguration der Anwendung an die jeweilige Phase des Geschäftsprozesses angepasst werden. Ein beispielhafter Anwendungsfall ist das monatliche Beladen eines Big-Data-Systems, auf dem anschließend Analysen und Auswertungen gefahren werden: Für den Beladevorgang kann dann eine andere Anzahl an CPUs für die Datenbanken verwendet werden als während der Analyse. Entsprechend kann der reservierte Arbeitsspeicher der Datenbank erst zum Beginn der Analysephase auf ein In-Memory-Niveau gehoben werden.

Steigerung der Agilität bei technischen Innovationen

Sowohl im eigenen Rechenzentrum als auch bei klassischen Modellen des externen Leistungsbezugs (Outsourcing) unterliegt das technische Inventar einer Mindestnutzungsdauer. Kommt es während dieser Dauer – üblicherweise im Bereich von 24 bis 48 Monaten Mindestnutzung – zu technischen Weiterentwicklungen oder gar Innovationen, so können diese nicht ohne Sonderabschreibung oder Strafzahlungen genutzt werden.

Im Gegensatz dazu ermöglicht der voll automatisierte Rollout von Anwendungssystemen auf standardisierte IaaS-Angebote den „fliegenden Wechsel" der zugrunde liegenden Technik – und zwar zum Zeitpunkt der Verfügbarkeit der Angebote beim Cloud-Provider.

In der Praxis konnte der Aufwand für den Wechsel auf einen durch den Provider neu bereitgestellten virtuellen Maschinentyp mit geänderter Prozessorarchitektur inkl. notwendiger Regressionstests auf weniger als zwei Arbeitstage reduziert werden. Voraussetzung hierfür ist die konsequente Automatisierung von Installation und technischen Tests.

Optimierung der Entwicklung und Fehlersuche

Wenn es keine (spürbaren) Kapazitätsgrenzen in Bezug auf Compute- und Storage-Kapazität gibt, können sowohl für die Weiterentwicklung von Systemen als auch bei der Fehlersuche Kopien der Produktionssysteme voll automatisiert erzeugt und bereitgestellt werden.

Ein Fehler wird dann nicht „nachgestellt", sondern ist in einer vollständigen Kopie der Umgebung zu beobachten. Für eine Weiterentwicklung einer Systemlandschaft kann die gesamte Landschaft dupliziert und als Kopie bereitgestellt werden. Ebenso werden parallele Tests unter Bedingungen von „leicht" veränderten Systemparametern möglich und sind dadurch ein wertvolles Mittel für die Parallelisierung von Performancemessungen und -vergleichen.

Absenken von Wechselbarrieren
Wird bei der Automatisierung konsequent auf providerspezifische Werkzeuge verzichtet (bzw. stets eine alternative Technologie für ein proprietäres Werkzeug bereitgehalten), so ermöglicht erst der ebenso konsequente Einsatz von Automatisierung für den Aufbau und den Betrieb von Anwendungssystemen einen Umzug der Systeme zu anderen Providern. Cloud-Brokerage ist generell nur dann anwendbar, wenn die genutzten Prozesse und Automaten nicht nur bei einem Cloud-Provider funktionieren.

Beifang: Kostenoptimierung
Die Senkung von Kosten durch Automatisierung erfolgt über mehrere Ansatzpunkte:

Die Personalkosten können reduziert werden, wenn, wie bereits geschildert, für den Tagesbetrieb Mitarbeiter mit einem niedrigeren Skill Level eingesetzt werden können. Voraussetzung ist die Kapselung von für den Betrieb notwendigen, aber aus Sicht von Stabilität und Verletzlichkeit kritischen Funktionen durch eine Automatisierungslösung.

Im eigenen Rechenzentrum kann durch die automatisierte Verlagerung von Ressourcenverbrauchern auf freie Trägersysteme die ungenutzte Kapazität reduziert werden. Dies bedingt aber eine valide Prognosefunktion für zu erwartende Lastspitzen.

Automatisierung ermöglicht Kosteneinsparungen bei einem Provider, wenn dieser nach Pay-as-you-go abrechnet. So reduzieren u. a. das automatische Herunterfahren ungenutzter Systeme und die tageszeitabhängige Bereitstellung von Anwendungen direkt den Ressourcenverbrauch und damit auch die Kosten.

6.4.3 Self-Service unterstützt mündige Anwender

Self-Service mit kurzfristiger Bereitstellung des bestellten Services ist ohne umfassende Mechanisierung/Automatisierung nicht möglich. Der zu automatisierende Funktionsumfang darf allerdings nicht bei der Bereitstellung des Services aufhören. Aufnahme in bzw. Herausnahme aus der Überwachung sind bereits Standard. Nicht vergessen werden darf die Messung und Zuordnung der verursachten Kosten zur verbrauchenden Organisationseinheit.

Die Erfahrung in der Praxis hat gezeigt, dass die Motivation der Anwender, sich bei der Nutzung der Services zu beschränken und CPU- wie auch Storage-Nutzung zu minimieren, durch Transparenz der (beim Provider) verursachten Kosten erheblich ansteigt. Der mündige und ermächtigte Anwender nimmt seine Verantwortung wahr.

Kostensenkende Effekte durch Self-Service wurden auch in Bezug auf die preisgekrönte Cloud-Plattform der Versicherungsgruppe Talanx berichtet.[2] Talanx stellt den Anwendern aus dem Fachbereich Risikomanagement ein oder mehrere Analysesysteme zur Verfügung, die von den Anwendern selbst gestartet und beendet werden können.

In einer vorhergehenden Konfiguration wurde den Anwendern jeweils ein System morgens bereitgestellt und abends wieder abgeschaltet. Nach Einführung des Self-Services sind trotz steigender Anzahl von Serversystemen die Betriebskosten laut der Angaben im Vortrag um ca. 30 Prozent gesunken.

6.5 Herausforderungen in der Praxis

6.5.1 Auswahl geeigneter Werkzeuge

Voraussetzung für Erzielung der Vorteile durch Automatisierung und auch Self-Service bei einem Cloud-Provider ist die Einbindung der Umgebung in die eigenen Administrationstools. Oft ist den Anwenderunternehmen gar nicht bekannt, welche auch für Cloud-Provider geeigneten Werkzeuge sie bereits einsetzen.

Neben den etablierten Toolherstellern bieten einerseits die meisten Cloud-Provider eigene Oberflächen oder Werkzeuge an. Andererseits ist in den letzten Jahren ein größerer Markt an mehr oder weniger generischen Cloud-Werkzeugen entstanden, teilweise als Open-Source-Angebote, aber auch von neuen Marktteilnehmern, die „in der Cloud geboren" wurden. Eine Vielzahl dieser neu geschaffenen Werkzeuge wurde von etablierten Herstellern und Providern akquiriert.

Eine wichtige Aufgabe bei der Festlegung der eigenen Cloud-Architektur ist es, zu erkennen, welche bereits im eigenen Unternehmen eingesetzten Werkzeuge entweder mit den Administrationsschnittstellen der Cloud-Provider zusammenarbeiten oder aber eine direkte Integration der von den Providern bereitgestellten Werkzeuge erlauben. Die festzulegenden Werkzeuge sollten sowohl die Domänen der Mechanisierung/Automatisierung (Verbrauchsmessung, Überwachung/Alarmierung, Provisioning, Deployment, Testen, Scheduling, Auto Scaling, Self Healing, Continuous Delivery)

[2] Der im Rahmen des Computer-Woche-Wettbewerbs „Best-in-Cloud" (2014) gehaltene Vortrag ist abzurufen unter https://youtu.be/TzWRHJo_Ajw.

abdecken als auch zumindest die „großen" Hyperscaler und deren von anderen Anbietern adaptierten Schnittstellen.

6.5.2 Vermeidung providerspezifischer Werkzeuge

Erfolgt erstmalig eine Nutzung von Cloud-Services bei einem der bekannten Hyperscaler und Technologielieferanten, so ist die Gefahr groß, dass die von dem Anbieter mitgelieferten Werkzeuge eingesetzt werden und damit eine nicht mehr lösbare Verbindung zu einem einzigen Anbieter eingegangen wird. Dieser Gefahr wirkt der aktuelle Trend bei den etablierten Anbietern entgegen, sich gegenüber den jeweiligen Mitbewerbern zu öffnen. Dabei verfolgen diese Provider unterschiedliche Ansätze:

Einige Anbieter öffnen ihr Werkzeug für die Einbindung von Cloud-Umgebungen der Konkurrenz. Teilweise beinhalten diese Werkzeuge Methoden zur Migration virtueller Systeme zwischen den einzelnen Providern. So wird z. B. von T-Systems unter dem Produktnamen Cloud-Broker ein Multi-Cloud-Managementsystem als SaaS-Lösung angeboten, mit der nicht nur die hauseigenen Cloud-Services (z. B. DSI vCloud), sondern auch die Konkurrenzangebote unter einer Oberfläche gesteuert und verwaltet werden können.

Andere Provider erlauben zwar nicht die Einbindung fremder Wolken in das hauseigene Managementtool, öffnen sich aber über eine umfangreiche API der Steuerung durch Managementwerkzeuge anderer Provider oder unabhängiger Softwarehersteller.

Parallel zu den Providern bedienen auch etablierte Toolanbieter mit übergreifenden Werkzeugen den Markt. Um nur zwei aus der Menge herauszupicken: BCM stellt mit dem Produkt Cloud Lifecycle Management Funktionen zur Steuerung sowohl von On-Premise-Lösungen als auch von Providern zur Verfügung. Automic (vormals UC4) verfügt als Hersteller von Werkzeugen für Scheduling und Batch-Steuerung über einen gesicherten Track Record bezüglich der Grundtechnologie und hat die Produkte Release Automation, Workload Automation und Service Orchestration sowohl auf Inhouse-Lösungen als auch auf die großen Cloud-Anbieter ausgerichtet.

6.5.3 Geänderte Erwartungshaltung auf Anwenderseite

Seit der Einführung von PCs und ihrer Verbreitung auch im Privathaushalt steht die IT vor dem Problem der alten Geschichte: „Mein Sohn hat das zu Hause innerhalb einer halben Stunde installiert – warum dauert das hier im Unternehmen jetzt drei Wochen/ zwei Monate?“ Sowohl in der Rolle als Dienstleister als auch als interner Mitarbeiter hat man dies in den letzten 20 Jahren das eine oder andere Mal zu hören bekommen.

Auch wenn man hier durch kontrolliertes und dokumentiertes Vorgehen inzwischen mehr Transparenz schaffen kann, so hat sich durch den Einfluss von Onlineshops mit Lieferservice am nächsten Tag ein Konsumstil etabliert, der in anderen Bereichen das Verständnis massiv schwinden lässt: Wenn nicht nur Bücher, sondern auch Kaffeemaschinen, Fernsehgeräte und Kühlschränke bis zum nächsten Tag geliefert werden können, wieso ist es dann so schwer, in der gleichen Zeit ein Auto, ein individuell gefertigtes Möbelstück oder so etwas Einfaches wie eine 3-Tier-Anwendungsumgebung zu liefern?

Die Geschwindigkeit, mit der im Self-Service den Anwendern ganze Systeme installiert und zur Verfügung gestellt werden können, verbirgt den Aufwand und die Komplexität des dahinter liegenden Automaten. Wenn Änderungen und Erweiterungen mit geringem Arbeitsaufwand möglich sind, besteht die Gefahr zu übersehen, dass die knappe Ressource Mensch trotzdem koordiniert und geplant werden muss.

Die Einführung neuer agiler Technologien bedarf einer begleitenden Kommunikationsstrategie, die beim nutznießenden Anwender das Verständnis für die Grenzen und Einschränkungen sicherstellt.

6.5.4 Verständnis Cloud-spezifischer Anforderungen an Anwendungen

Um von den Vorteilen der Automatisierung, wie Skalierung und automatischem Deployment, vollständig profitieren zu können, müssen Anwendungen auch für diese Vorteile vorbereitet sein.

Es ist selbstverständlich, dass aus einem Pool von gleichartigen, nicht ausgelasteten Servern nur dann Server heruntergefahren werden können, wenn zuvor die Nutzer diese Server „verlassen“ haben. Hierzu bedarf es zum einen einer losen Kopplung zwischen den einzelnen Tiers eines komplexen Systems, zum anderen muss ein einzelnes System „leer geräumt“ werden können, ohne dass dies eine negative Auswirkung auf die aktiven Nutzer hat. Entsprechende Vorbereitungen sind bereits in der Anwendungsarchitektur vorzusehen.

Um frühzeitig erkennen zu können, ob eine Gruppe gleichartiger Server in Über- oder Unterlast ist, ist es von Vorteil, wenn für das Erkennen nicht nur Parameter der virtuellen Maschine (z. B. CPU-Last, RAM-Ausnutzung) ausgewertet werden, sondern wenn die Anwendung selbst bereits einen Einblick in die Lastsituation gibt. Hierzu muss die Anwendung eine technische Schnittstelle zur Verfügung stellen, aus der z. B. die Anzahl der aktiven Anwender, die Anzahl angestoßener Hintergrundverarbeitungen, aber auch die durch eine Hintergrundverarbeitung entstehende Last ausgewertet werden können.

Eine weitere, sinnvollerweise bereits in der Entwicklung einer Anwendung vorzusehende Funktion ist die Selbstanalyse auf Fehlerzustände, die durch einen Automaten von außerhalb der Anwendung geheilt werden können. Das Gleiche gilt für ein aussagekräftiges Logging der lose gekoppelten Bestandteile.

Nur das frühe Berücksichtigen dieser Anforderungen führt bei Neuentwicklungen zur Messbarkeit des Zustandes der Anwendung und der auf diesen Triggern aufbauenden Automatismen.

6.5.5 IT-Finanzprozesse

Die Herausforderung in den Zeiten der Cloud in Bezug auf IT-Finanzprozesse ist nicht die Festlegung von Kennzahlen. Finanzkennzahlen in der IT wurden bereits in den 80er-Jahren durch mehrere Autoren beschrieben (eine historische Übersicht: vgl. Kütz 2003) und auch bei einem Cloud-Provider ändert sich die grundsätzliche Eigenschaft und Messbarkeit nicht. Wer im eigenen Rechenzentrum die Kosten nicht mithilfe von Planungsprozessen, Kennzahlen und Prozesskostenrechnung unter Kontrolle hat, wird durch die steigende Komplexität bei der Nutzung von Services unterschiedlicher Provider seine vorhandenen Probleme eher noch steigern. Ein schlechter Prozess, der ausgelagert wird, ist im Endeffekt einfach nur ein schlechter ausgelagerter Prozess und nicht die Lösung ungemachter Hausaufgaben.

Neu hinzu kommt die direkte Beeinflussbarkeit der Kosten durch den Anwender. Hieraus ergeben sich neue Anforderungen an die IT-Finanzprozesse und an die generell im Unternehmen geltenden Regeln für Freigabe und Verursachung von Kosten.

Zum einen muss die verursachungsgerechte Zuordnung der Providerkosten (z. B. zu Anwendungssystemen, Geschäftsprozessen, Projekten und Anwendern) sichergestellt werden. Wenn dem Anwender die durch ihn verursachten Kosten aufgezeigt werden sollen, so muss die Aufteilung der Providerkosten in einem hohen Detailgrad erfolgen – dies ist unabhängig davon, ob der Kostenbericht (neudeutsch „Showback" genannt) monatsnachträglich, täglich, am Ende einer Sitzung oder in Echtzeit zur Verfügung stehen soll.

Bei der Auswahl des Providers und der Konfiguration der Services muss der Kunde darauf achten, dass jeder Service mit einem maschinell auf der Rechnung auswertbaren Merkmal versehen wird, um zumindest tagesnachträglich eine Kostenzuordnung vornehmen zu können.

Zum anderen muss die Planbarkeit der Kosten sichergestellt werden. Anwendungssysteme bestehen aus einer Vielzahl von Einzelkomponenten. Die großen Hyperscaler bieten mehr oder weniger komfortable Portale an, auf denen die Laufzeitkosten kalkuliert werden können. Ist es noch relativ einfach, ein System in seine Komponenten zu zerlegen (erst recht, wenn es bereits aufgebaut ist), so wird es problematisch, die benötigte Laufzeit je Komponente auf das nächste Jahr hochzurechnen.

Durch die Kombination mit einem Self-Service, bei dem die Anwender selbst das IST der im Vorjahr berechneten Planungsgrößen beeinflussen können, entsteht die Anforderung nach einem internen Kontrollsystem, das in kurzen Intervallen die geplanten Kosten mit den bereits angelaufenen Kosten abgleicht.

Ein Cloud-Vertragsmodell auf Basis der tatsächlich genutzten Leistung stellt sich weniger als eine Herausforderung an die IT dar als vielmehr als ein Problem für Einkauf und Controlling. Hier ist nicht mehr der Anbieter in der Pflicht, den Kunden darüber zu informieren, wenn ein vertraglich vereinbartes Kostenlimit überschritten wird. Selbst wenn Cloud-Provider eine technische Kostenbremse eingebaut haben, so ist es doch eher unwahrscheinlich, einen Anwendungsfall zu finden, wo (plakativ dargestellt) Mitte Oktober ein IT-System abgeschaltet wird, weil die Plankosten bereits verbraucht wurden.

Ein weiterer abzustimmender Punkt zwischen IT, Einkauf und Controlling ist die durch Pay-as-you-go und Self-Service, erzeugte Kostenverantwortung bei den Mitarbeitern in IT Operations und auch der Fachabteilung. In Organisationen mit klassischer Kostenstellenplanung ist die Freigabe von Kosten ausschließlich dem Kostenstellenverantwortlichen zugewiesen. In der neuen Welt entscheiden nun (gegebenenfalls externe) IT Operators und Anwender der Business-Seite jeden Tag darüber, wie weit das Budget belastet und ausgeschöpft wird. Betriebskosten für Anwendungen nähern sich somit eher den Planungsmodellen für Mobiltelefonie, wo der Nutzer sich innerhalb eines vorgegebenen Vertrages bewegen kann.

6.6 Ausblick

6.6.1 Naht das Ende des redundanten Active-Active-Datacenters?

Bei Vollautomatisierung des Aufbaus und der Konfiguration eines virtuellen Rechenzentrums kann das gesamte RZ innerhalb kürzester Zeit auf Basis von Sicherungsdaten erneut aufgebaut werden.

Es stellt sich die Frage, für welche Anwendungsfälle sich dann noch der Aufbau von zwei unabhängigen aktiven Rechenzentren zur gegenseitigen Absicherung lohnt. Ist ein kurzfristiger Ausfall hinnehmbar, so ist die jetzt technologisch bereits zur Verfügung stehende Alternative eine Redundanz der Datenhaltung bzw. das Übertragen von Datensicherungen in kurzen Intervallen, verbunden mit einem voll automatisierten Aufbau im Fehlerfall.

Der Katastrophenfall ist in diesem Szenario mit vergleichsweise geringem Aufwand zu testen und als Übung durchzuführen, da der parallele Aufbau der Umgebung auf Basis der vorhandenen Sicherung ohne Beeinträchtigung der Produktion erfolgen kann.

6.6.2 Container und Agnostizität

Container-Laufzeitumgebungen versprechen mittlerweile eine tatsächliche Unabhängigkeit von der unterhalb liegenden technischen Infrastruktur, sodass Workloads zwischen Providern oder auch zwischen Provider und eigenem Rechenzentrum mühelos verschoben werden können – insofern die Daten in adäquater Zeit mit umziehen können. Dies funktioniert aber nur für Neuentwicklungen; bestehende Anwendungssysteme können nicht ohne Weiteres umgebaut werden.

Auch in Bezug auf die Werkzeugkästen zur Steuerung und Automatisierung wird sich eine Unabhängigkeit vom gesteuerten Provider durchsetzen. Schon heute gelten die APIs der großen Hypervisor als Standard, und andere Anbieter beginnen, sich bei der Ausgestaltung ihrer eigenen Administrationsschnittstelle daran zu orientieren.

6.6.3 Continuous Delivery

Mit dem Begriff Continuous Delivery wird ein Bündel aus Prozessen, Konzepten und Technologien bezeichnet, das (ganz im Widerspruch zum Anspruch der Minimalisierung von Release-Terminen in der Enterprise-IT) eine permanente Änderung der Anwendungen im laufenden Betrieb ermöglicht.

Ohne eine solide Basis an Werkzeugen und ein hohes technisches Verständnis bezüglich der Abhängigkeiten zwischen den einzelnen Komponenten einer Anwendung ist dieses Konzept nicht einsetzbar.

Automatisierung im Sinne eines autarken Systems, welches neuen Code prüft, vorbereitet und dann bedienerlos und ohne spürbare Beeinträchtigung für den Anwender in Produktion nimmt, wird nur mit Anwendungssystemen funktionieren, die bereits im Entwurf für derartige Verfahren gestaltet und ausgelegt wurden, indem z. B. auf Basis von Micro-Services die einzelnen Funktionen so weit voneinander getrennt sind, dass ein Service unabhängig von anderen geändert werden kann.

Die Autoren sind gespannt, ob sie die Verbreitung von Continuous Delivery in der „klassischen Enterprise-IT" noch miterleben werden – verspricht doch dieser Ansatz eine neue Dynamik bei der Erfüllung von Funktionswünschen der Fachabteilungen und damit einen Abschied vom Bild der IT als Bremse der Veränderung. Erforderlich hierfür ist eine Transformation des Mindsets innerhalb der IT wie auch innerhalb der gesamten Organisation.

Literatur

Davison, Dean (2003): On Demand Outsourcing. META Group Delta 2416.

Deutsches Institut für Normung e. V.: DIN V 19233 (1998): Leittechnik – Prozessautomatisierung – Automatisierung mit Prozessrechensystemen, Begriffe.

Häberle, Oliver; Jahner, Stefanie; Krcmar, Helmut (2005): Beyond the On Demand Hype: A Conceptual Framework for Flexibility in Outsourcing. Paper presented at the European Academy of Management Annual Conference (EURAM), Germany, May 4th – 7th 2005, TUM Business School Munich.

Österle, Hubert; Reichmayr, Christian (2006): Outtasking mit WebServices, in: Bullinger, H.-J./Scheer, A.-W. (Hrsg.): Service Engineering. Entwicklung und Gestaltung innovativer Dienstleistungen, Berlin, Heidelberg, S. 567–592.

Kern, Harris et al. (1998): Building the new enterprise: people, processes, and technology. Prentice-Hall, Inc.

Kütz, Martin. (2003): Kennzahlen in der IT. Werkzeuge für Controlling und Management, 2. Auflage.

NIST (2011): The NIST Definition of Cloud Computing.

Qiu, Robin G. (2006): Information Technology as a Service, in: Qiu, R. G. (Hrsg.): Enterprise Service Computing, S. 1–24.

Reinicke, Michael (2005): Eine ökonomische Bewertung der Dienstauswahlverfahren in serviceorientierten Overlaynetzen, in: Isselhorst, T. (Hrsg.): Proceedings der 7. Internationalen Tagung Wirtschaftsinformatik 2005, Heidelberg, S. 129–148.

Autoren

Bernd Oster ist Geschäftsführer der cloud plant GmbH und Partner Advisor bei Pierre Audoin Consultants (PAC). Der Diplom-Kaufmann (FH) und Diplom-Wirtschaftspädagoge verfügt über mehr als 20 Jahre Erfahrung in der IT-Branche, u. a. als Leiter des ausgegliederten IT-Betriebs einer Landesbank, und war bis Anfang 2015 als Projektleiter, Architekt und IT-Bereichsleiter in der Finanzindustrie verantwortlich für Entwurf, Bereitstellung und Betrieb einer prämierten Cloud-Plattform, die von über 2.000 Anwendern in mehr als 30 Ländern genutzt wird. Als PAC Partner Advisor entwickelt er auch für Kunden der PAC Germany u. a. Cloud-Strategien und analysiert die Reife von IT-Organisationen für die Nutzung von Cloud Computing.

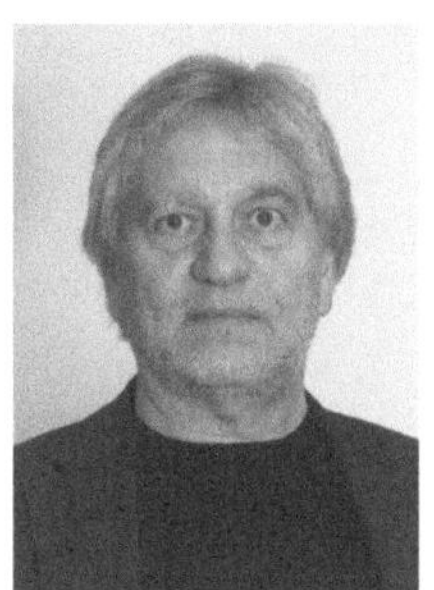

Bernd Wendt ist Geschäftsführer bei der cloud plant GmbH und Partner Advisor bei Pierre Audoin Consultants (PAC). Er berät seit 30 Jahren internationale Unternehmen und Konzerne. Neben der Unterstützung von Unternehmen bei der Transformation in die Cloud liegen seine Beratungsschwerpunkte bei den Themen Neuausrichtung von Inter- und Intranet, Qualitätssicherung von webbasierten Verfahren, Entwicklung von B2B-, B2C-, B2E-Portal- und CRM-Strategien sowie bei der Entwicklung von Nutzungsstrategien für innovative Suchtechnologien. Als PAC Partner Advisor entwickelt er auch für Kunden der PAC Germany u. a. Cloud-Strategien und analysiert die Reife von IT-Organisationen für die Nutzung von Cloud Computing.

7 Automation dynamischer Cloud-Portfolios mit CAMP

Best Practice: Automation bei T-Systems

Bernd Kunrath

7.1 Einleitung

Als globaler Anbieter von Informations- und Kommunikationstechnik schlug T-Systems vor bereits einem knappen Jahrzehnt zwei zukunftsweisende neue Wege ein – und fand dabei den optimalen Kurs im größten gemeinsamen Nenner. Schließlich gab es bei der Frage nach der Zukunft der Infrastruktur-Services kein plakatives „Cloud – ja oder nein?" oder „Automatisierung – heute oder morgen?". Schon 2005 kristallisierte sich heraus, dass beide Aspekte unumgängliche und zugleich hochpotente Manifestationen der bestehenden technologischen Evolution sein würden. Der vorherrschende Gedanke war deshalb seit jeher: Wie lassen sich diese beiden Ausprägungen der digitalen Transformation optimal miteinander vereinen?

Automation entwickelt sich immer mehr von einer technischen Option zur strategischen Notwendigkeit. Diese Trendwende vollzieht sich in allen denkbaren Bereichen der Produktion, von der maschinellen Fertigung bis hin zur Bereitstellung IT-basierter Dienstleistungen. Denn die massive Dynamik unterschiedlicher Märkte verlangt nach schnellen Entwicklungs- und Bereitstellungszyklen. Erfolgreich im Wettbewerb behaupten können sich allerdings nur diejenigen, die nicht nur schnell, sondern zugleich mit bestmöglicher Qualität liefern – Anforderungen, die durch schlanke und zugleich stringente Prozessstrukturen deutlich effizienter bewältigt werden können und bei T-Systems deshalb schon frühzeitig zu einer engen Verzahnung von Service-Bereitstellung und Automation führten.

Das Automationsbeispiel des *Cloud Automation Management Portals CAMP* verdeutlicht Herausforderungen sowie Vorteile und liefert zugleich Best-Practice-Empfehlungen für die Automatisierung von IT-Infrastrukturen. Mit inzwischen mehr als 46.000 virtuellen Servern bietet T-Systems seinen Kunden weltweit umfassende Netzwerk- und Speicherressourcen über die Cloud. Dadurch werden heute jährlich rund 100.000 Arbeitsstunden, die ohne automatisierte Abläufe durch manuelle Installationen und Konfigurationen anfallen würden, eingespart.

Eines haben die Arbeit an CAMP und seine fortlaufende Weiterentwicklung allerdings auch klar gezeigt: Automation ist kein Kurzzeitprojekt mit schneller Kostendeckung. Die Amortisierungsrate von Automation steht in direktem Verhältnis zur Präzision, mit der relevante Prozedere erfasst, standardisiert und automatisiert werden. Gründlichkeit und Kontinuität sind die entscheidenden Faktoren, die ein Automationsprojekt rentabel machen und standardisierte Abläufe zu einer festen Größe sowohl in der IT als auch in der gesamten Unternehmenslandschaft werden lassen – bei T-Systems eine, wenn nicht sogar die entscheidende Voraussetzung für ein dynamisches, flexibles und zugleich hochwertiges Produktportfolio.

7.2 Dynamische Bereitstellung von IT-Infrastrukturen bei T-Systems

Das Design und der Betrieb von logischen Systemen zur dynamischen Bereitstellung von IT-Ressourcen ist ein spezifischer Dienstleistungsbereich bei T-Systems, für den die Organisationseinheit *DPS – Dynamic Platform Services* verantwortlich zeichnet. Das DPS-Team, ein Kreis erfahrener Netzwerk- und Computing-Spezialisten, fokussiert den Betrieb aller Cloud-, Storage- und Network-Plattform-Dienste.

In den vergangenen Jahren gab es im Wirkungsfeld der Cloud-Plattformen einen deutlichen Paradigmenwechsel. Es ist noch nicht lange her, da wurden Server als fassbare Boxen, also vorwiegend als physikalische Entitäten wahrgenommen, die ihren festen Platz irgendwo in einem Rechenzentrum hatten und eine gewisse, isoliert betrachtete Anzahl an Megahertz und Gigabyte lieferten. Heute ist die Perspektive eine gänzlich andere: Inzwischen werden Server überwiegend als logische Größen gehandelt, auf denen Betriebssysteme, Anwendungen, ja ganze Infrastrukturen quasi in einer kollektiven Dimension betrieben werden können. Mittlerweile sind weitere Bereitstellungssegmente, allen voran Storage- und Netzwerkkapazitäten, gefragt: Endkunden wollen nicht länger kostbare personelle und zeitliche Ressourcen in die Konfiguration und Wartung von Festplatten oder sonstigen Speichermodulen investieren. Sie wünschen vielmehr eine gewisse Speichermenge zu einer gewissen Qualität – flexibel und dynamisch an die Anforderungen ihres Unternehmens angepasst. Ähnliches gilt für Netzwerke, deren logische Separation heute über virtuelle Netze abgebildet werden kann. Ob Server, Speicher oder Netzwerk, es handelt sich stets um virtualisierte Einheiten, deren Funktionen in Software abgebildet sind. Es liegt deshalb nur in der konsequenten Weiterführung des Prinzips logischer IT-Umgebungen, virtuelle Systeme auch über Software zu steuern.

Und genau hier setzen die Möglichkeiten der Automation an: Die Virtualisierung und die automatisierte Steuerung logischer IT-Infrastrukturen befruchten sich gegenseitig – und erlauben zudem eine völlig neue Dynamik bei der Bereitstellung Cloud-basierter Produktportfolios. Um den Umfang und die Rahmenbedingungen der im Zuge von CAMP realisierten Automationsmaßnahmen zu verdeutlichen, werden im Folgenden zunächst die zentralen Elemente des Cloud-Portfolios bei T-Systems erläutert.

7.2.1 Die Cloud bei T-Systems

T-Systems entwickelte den Cloud-Gedanken über die Grenzen einer privaten Virtualisierungsumgebung hinweg weiter. Das Ziel: die Etablierung eines zeitgemäßen Geschäftsmodells, das auch individuellen Kundenanforderungen dynamisch gerecht werden kann. Das hervorstechendste Merkmal des T-Systems Portfolios liegt in der ausgesprochen geringen Abstraktion auf Hardwareebene. Dadurch kann jede beliebige Landschaft in der Cloud sauber unterstützt werden – selbst dann, wenn eine Kunden-Landscape auf weniger gängigen Systemen aufsetzt.

Wie vorab bereits angerissen, sind logische Server im Cloud-Umfeld bei T-Systems nicht ausschließlich auf das Konzept einer virtualisierten Einheit reduziert. Vielmehr geht die Perspektive deutlich über diese einfache Linearität hinaus: Server und Netzwerkkomponenten werden völlig unabhängig davon betrachtet, ob sie auf einer virtuellen, direkt auf einer Hardwareplattform oder in einem hybriden System, dessen Definition sich zwischen diesen beiden Dimensionen bewegt, vorliegen. Um das Spektrum aller möglichen Bereitstellungskonzepte in vollem Umfang beschreiben zu können, wurde deshalb der Begriff der logischen Server eingeführt.

Die technologische Reife logischer Bereitstellungsumgebungen schaffte auch für die Automation des Portfolios im Cloud-Umfeld völlig neue Rahmenbedingungen – ein Umstand, der sowohl aus Kundensicht als auch im Hinblick auf interne Abläufe für deutlich schlankere Prozesse sorgt. Denn war es bisher so, dass ein Sales Manager einen Service verkaufte, der anschließend manuell oder teilautomatisiert vorbereitet und zur Verfügung gestellt wurde, so definiert sich der Kunde heute dank Automation sein System selbst – ein Vorgang, der in etwa vergleichbar ist mit den inzwischen nicht mehr wegzudenkenden Konfiguratoren aller namhaften Automobilanbieter. Mit

CAMP, dem Cloud Automation Management Portal von T-Systems, hielt dieses Prinzip nun auch Einzug in das Ökosystem Cloud: Geschulte T-Systems Mitarbeiter können Applikationen-, Server-, Storage- oder Netzwerkressourcen zu kompletten Landschaften zusammenklicken und ihren Kunden damit ganze Landscapes nach dem „Config & Play"-Prinzip erstellen. Ein besonderer Vorteil aus Vertriebssicht: Diese individuellen Konfigurationen können zeitnah getestet und ebenfalls auf Knopfdruck modifiziert werden. Dadurch wird die Handhabung individueller Kundenwünsche und -anforderungen um ein Vielfaches leichter.

7.2.1.1 Dynamic Computing Services – DCS

2003 entwickelte T-Systems in enger Zusammenarbeit mit SAP erstmals ein Konzept zur flexiblen Bereitstellung von Computing-Ressourcen – und das unter der Maßgabe maximaler Auslastung bei gleichzeitig hoher Verfügbarkeit. Die Services sollten exakt auf die Anforderungen der Kunden zugeschnitten sein und zudem die nötige Flexibilität mitbringen, um jederzeit auf Performance-Spitzen oder punktuelle Schwankungen in den Systemanforderungen reagieren zu können. Aus diesen strategischen Überlegungen und der engen Zusammenarbeit mit SAP gingen schließlich die *Dynamic Computing Services – DCS* hervor. Der offizielle Startschuss für DCS fiel 2006 mit jeweils 900 Kundensystemen im Frankfurter und 50 Kundensystemen im Münchner Rechenzentrum. Seitdem können Unternehmen über DCS weltweit auf standardisierte und automatisierte Cloud-Ressourcen zugreifen, die performant, sicher und dynamisch bereitgestellt werden. Vereinfachte Abläufe und Prozesse mit Dynamic Services for SAP Solutions minimieren die Gefahr von Systemausfällen, bei Bedarf lassen sich zudem automatisch Server zu- und auch abschalten. Dieses Pooling von Ressourcen führt zu deutlich geringeren Betriebskosten als bei klassischen Betriebsmodellen.

Im Zuge zahlreicher Erweiterungen und Optimierungen sind die Dynamic Computing Services inzwischen in der jüngsten Generation DCS 3.0 auf dem Markt verfügbar – und das sowohl für SAP-Systeme und -Anwendungen als auch für SAP-unabhängige Lösungen.

7.2.1.2 Dynamic Cloud Platform – DCP

Mit der Einführung der *Dynamic Cloud Platform – DCP* Ende 2013 öffnete sich bei T-Systems ein neues Kapitel in der Bereitstellung dynamischer, Cloud-basierter Services: Künftig sollten alle Cloud-Lösungen auf einer einzigen Plattform als Workloads konsolidiert betrieben werden. Heute haben Kunden über die DCP einen einheitlichen Zugriff auf alle Cloud-Angebote wie *Infrastructure-as-a-Service*, *Communications-as-a-Service* oder auch *Software-as-a-Service*. Das bringt vor allem große Vorteile für Unternehmen mit sich, deren erfolgreiches Wachstum von einer dynamischen Erweiterung ihrer Kapazitäten abhängig ist. Durch die konsequente Standardisierung und fortlaufende Automation der Dynamic Cloud Platform konnte der Betriebsaufwand auf ein effizientes Minimum reduziert werden – deshalb sind Umzüge kompletter Landscapes auf andere Systeme für Kunden mit der DCP nicht mehr mit hohen Aufwänden und Ausfallzeiten verbunden. Auf Basis automatisierter Prozesse können innerhalb von wenigen Stunden oder Tagen Use Cases komplett neu aufgesetzt werden. Die Kunden profitieren durch die neue Cloud-Landschaft zudem von verbesserten Service Levels, da bei erforderlichen Wartungsarbeiten oder selbst bei Updates zentraler Komponenten der Betrieb weiterlaufen kann. Techniker können einzelne Elemente zur Wartung herauslösen, ohne dass es zu Service-Unterbrechungen kommt, da das System den Verkehr selbstständig umleitet. Das Capacity Management für sämtliche Workloads – von DCS 3.0 für SAP und Non-SAP-Lösungen über *DCS for Collaboration* bis hin zu DCI vCloud – wird ebenfalls zentral über die DCP gesteuert.

Heute unterstützt die DCP den Betrieb von mehr als 12.000 Kunden-Landscapes in den strategischen Twin-Core-Rechenzentren der T-Systems.

7.2.1.3 DSI vCloud

Das jüngste Produkt im DCP-Portfolio ist *Dynamic Services for Infrastructure with vCloud* – kurz DSI vCloud. Die hybride IaaS-Umgebung liefert eine globale Cloud mit multiplen Deployment-Optionen. Als Kern-Feature bietet die vCloud virtuelle Server mit Internetzugang und gemanagten Betriebssystemen samt Lizenzen, dazu Datenspeicher und virtuelle lokale Netzwerke. Diese Deployments skalieren zwischen einem und acht Rechenkernen mit 512 Megabyte bis 64 Gigabyte RAM. Basierend auf VMware-Technologie schafft vCloud die nötigen Voraussetzungen, um virtuelle Rechenzentren nach Bedarf dynamisch zu erweitern. Der Service unterstützt dabei sowohl traditionelle Anwendungen als auch Apps der nächsten Generation. Die IT-Mitarbeiter eines Kunden können über die vCloud-Oberfläche kurzfristig passende Lösungen für ihre Fachabteilungen realisieren und zugleich eine kontrollierte Nutzung der IaaS-Umgebung sicherstellen, indem sie virtuelle Maschinen dazu- oder abbuchen sowie bestehende Infrastrukturen standort- und länderübergreifend erweitern. Die in hohem Maße skalierbare Plattform unterstützt sowohl den Betrieb von Test- und Entwicklungsumgebungen als auch den Betrieb von Produktivumgebungen.

7.2.2 Automation bei T-Systems

Beim Design neuer Portfolios, aber auch bei der Optimierung und technologischen Weiterentwicklung bestehender Produkte wie beispielsweise DCS und DSI stellen sich stets zwei fundamentale Fragen: Welche Erwartungen stellen Unternehmen an Cloud-Services? Und wie können diese Anforderungen mit optimaler Effizienz, maximaler Rentabilität und minimalem Risiko erfüllt werden? Aus Kundensicht genießen sicherlich Qualitätskriterien wie Performance und Ausfallsicherheit hohe Priorität; ein Plus an Flexibilität und eine hohe Skalierbarkeit bei der Nutzung von Storage- und Netzwerk-Ressourcen fallen ebenso als Argumente ins Gewicht. Zudem gewinnt ein weiterer Aspekt an Bedeutung: die Einfachheit in der Konfiguration und ein effizientes wie unkompliziertes Management der notwendigen Infrastrukturen.

Gerade Aspekte wie eine schnelle Bereitstellung und ein unkompliziertes Handling, aber auch ein hoher Grad an Ausfallsicherheit sind Anforderungen, die bei der Größe der von T-Systems realisierten Cloud-Projekte durch manuelle Prozessketten alleine nicht mehr bewerkstelligt werden können. Deshalb erschloss sich mit den übergreifenden Automatisierungsprojekten bei T-Systems die Verbindung zweier Disziplinen – der Bereitstellung logischer Cloud-Infrastrukturen und der Automation der zugrunde liegenden Abläufe –, die inzwischen das Fundament für ein erfolgreiches und kontinuierlich explorierendes Cloud-Portfolio darstellen. Der Anfang für die inzwischen umfassende Verzahnung von logischen Systemen und Automation bildete der Launch der Dynamic Cloud Services for SAP im Jahre 2006. Mit dem Markteintritt dieses neuen Angebots wurde zugleich erstmalig ein Produkt mit einem extrem hohen Automationsgrad bereitgestellt – eine strategische Neuausrichtung, die zugleich ein Marktsegment bediente, das bis dato in dieser Dimension noch nicht besetzt war. Mit dem Gedanken, durch Automatisierung einen kompletten Service im Sinne von „Config & Play" anzubieten, nahm T-Systems also schon vor rund zehn Jahren eine Vorreiterrolle ein. Diese Entscheidung sollte sich als richtungsweisend herausstellen: In den vergangenen Jahren haben sich viele neue Cloud-Produkte herausgebildet, die heute ohne Automation in ihrer bestehenden Qualität nicht mehr wirtschaftlich realisierbar wären. Inzwischen hat sich Automation vom Innovationstreiber zur Voraussetzung für erfolgreiche Cloud-Portfolios entwickelt.

7.2.2.1 Optimierung interner Abläufe

Die Entscheidung, im Zuge der Automation einzelner Portfolios Abläufe über verschiedene Organisationseinheiten hinweg zu betrachten und zu optimieren, hat bei allen Beteiligten einen neuen, wertvollen Blick auf die Prozessstruktur innerhalb der gesamten DPS und ihrer Partner eröffnet: Bis zur Einführung von DCS for SAP lag ein hohes Maß an manuellen Arbeitsabläufen zur Bereitstellung kundenspezifischer Landscapes vor. Mit diesen händischen Maßnahmen waren sehr viele Teams und Mitarbeiter beschäftigt. Ein ineffizienter Einsatz von Ressourcen konnte dabei vor allem in den Übergabepunkten zwischen den einzelnen Einheiten der Organisation identifiziert werden. Diese Verluste traten zum einen auf, weil kritische Übergabepunkte nicht sauber definiert waren und damit Abläufe zum Stocken brachten, zum anderen aber auch deshalb, weil die zugrunde liegenden Prozedere zu variantenreich und damit unübersichtlich waren. Deshalb bestand eine zentrale strategische Überlegung in dem Ansatz, im Zuge einzelner Automationsvorhaben zu standardisieren und mit dem Blick auf die Gesamtheit aller Prozessketten Abläufe und Übergaben zu harmonisieren. Ein Beispiel für diese übergreifend definierten Standards ist die Mindestgröße, welche die Voraussetzung für die Produktion eines Systems darstellt. Im Zuge der Definition verbindlicher Standards konnten vormals komplexe manuelle Abläufe sogar so stark vereinfacht werden, dass sich deren Automatisierung nicht zwangsläufig als zielführend erwies.

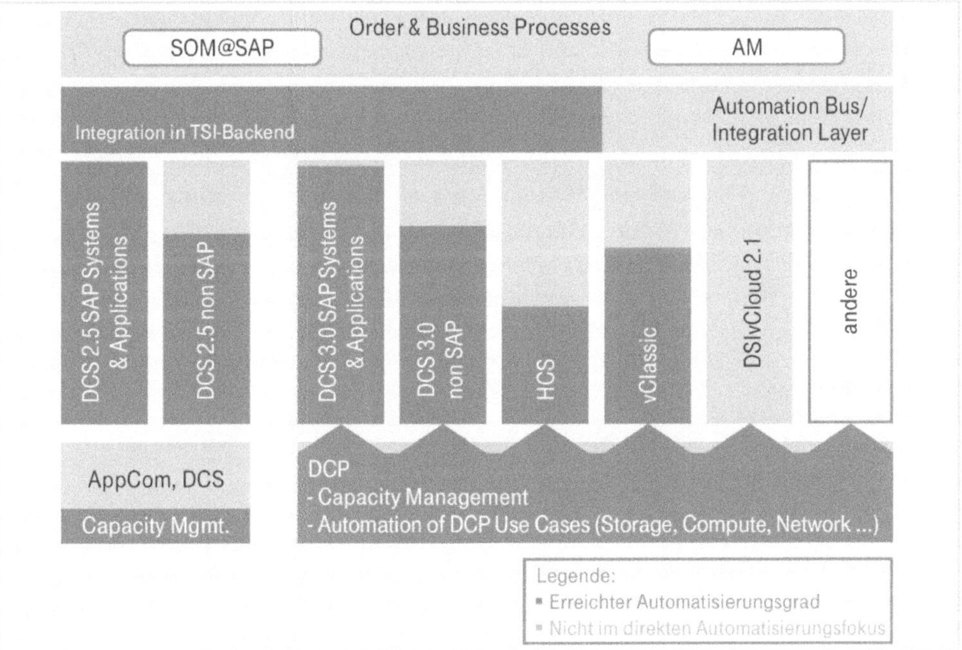

Abb. 7.1 Aktueller Automationsgrad der CAMP-Infrastruktur (Stand 2015)

Die Abbildung 7.1 veranschaulicht den fortschreitenden Automatisierungsgrad der über CAMP verwalteten Services. Der Wechsel von DCS 2.5 auf die aktuelle Version 3.0 verkörpert zugleich den steigenden Anteil nicht-SAP-basierter Workloads im Portfolio von T-Systems: Während unter Version 2.5 noch eine recht monolithische Struktur zu erkennen ist, spiegelt die Gesamtevolution unter Version 3.0 eine deutlich breitere Aufstellung wider. Die Dynamic Computing Platform (DCP) arbeitet bereits losgelöst von einzelnen Workloads und bildet eine durchgehende Bereitstellungsebene.

7.3 Herausforderungen bei der Automation dynamischer Cloud-Produkte

Die alles bestimmende Voraussetzung für eine effiziente Umsetzung von Automatisierungsvorhaben im Unternehmen liegt in einer klaren Zieldefinition. Hierzu gehören

Aspekte wie der Grad der Automatisierung, die über alle Ebenen flächendeckende Identifizierung und Standardisierung manueller Abläufe und die Einbindung aller betroffenen Fachbereiche und Organisationseinheiten. Es sollte Einigkeit darüber erzielt werden, was mit einer Automation erreicht werden soll (Future Mode of Operation), welche Prozedere betroffen sind und – ebenfalls eine Fragestellung von höchster Relevanz – welche Aufgaben durch ihre Automation die punktuelle Komplexität erhöhen würden, ohne zur Verschlankung der gesamten Prozesskette beizutragen. Tatsächlich haben sich im Zuge von CAMP und der Ablaufidentifizierung und -standardisierung einige Prozedere als obsolet, andere als manuell durchaus effizient herausgestellt.

Eine Quintessenz, die aus den Erfahrungen bereits erfolgter Automationsvorhaben klar hervorsticht: Der Aufwand für die Identifizierung, Formulierung und Standardisierung der fachlichen Anforderungen überschreitet den reinen Implementierungsaufwand eines Automationsvorhabens bei Weitem. Deshalb ist die Frage nach der Organisationseffizienz und den Möglichkeiten, ebendiese durch Automation zu erhöhen, vorwiegend organisatorischer und strategischer, weniger technischer Natur.

7.3.1 Erfassung der Prozedere und organisationsweite Standardisierung

Eine der größten Herausforderungen während eines Automationsvorhabens liegt darin, sämtliche Beteiligte zu lokalisieren, von denen Aufgaben manuell ausgeführt werden, und im Anschluss daran die Ketten zu identifizieren, wie diese händischen Tätigkeiten miteinander verbunden sind. Generell ist dabei nicht von Prozessen im übergeordneten, generischen Sinne die Rede, sondern von Abläufen auf einer hochgranularen Ebene, sogenannten Prozedere. Für jeden einzelnen dieser kleinstgranularen Abläufe müssen klare Regeln definiert werden – nur so können zum Beispiel kritische Verluste an Übergabepunkten weitestgehend ausgeschlossen werden.

Um eine lückenlose Erfassung sämtlicher Abläufe sicherzustellen, empfiehlt sich eine für alle relevanten Aufgaben- oder Organisationsbereiche einheitliche Erfassungsmethodik. Diese sollte ausnahmslos von allen Beteiligten stringent genutzt werden – ein Prinzip, das zugleich ein Tool voraussetzt, welches auch von Anwendern ohne umfangreiche Vorkenntnisse schon nach einer kurzen Einarbeitung genutzt werden kann. Da es sich im IT-Umfeld bewährt hat, kommt bei T-Systems zur Erfassung manueller Prozedere die Erfassungsmethodik ARIS zum Einsatz.

Nach der Erfassung der Abläufe – sie spiegeln den Ist-Stand und damit den *Current Mode of Operation (CMO)* wider – werden diese in einen standardisierten, den künftigen Anforderungen an Organisationsstruktur und Prozessketten entsprechenden *Future Mode of Operation (FMO)* überführt. Stellt sich die Automation eines einzelnen Prozederes als zweckdienlich im Sinne des FMO dar, so wird diese auf Basis einer ereignisgesteuerten Prozesskette (EPK) in die Automationslandschaft eingepflegt.

Angenommen, ein Unternehmen verfügt über zehn Organisationen, die in ein Automationsvorhaben involviert sind, so kann es im Zuge eines CMO-/FMO-Abgleichs und der damit einhergehenden Standardisierung durchaus geschehen, dass sich ein Teil der Abläufe und mit ihnen die verantwortlichen Organisationsstrukturen als obsolet erweisen. Zugleich kristallisieren sich allerdings auch diejenigen Tätigkeiten heraus, die nur bedingt durch einen Automaten durchgeführt werden können oder per se manueller Natur sind – ein Aspekt, der besonders im persönlichen Kundenkontakt, beispielsweise per Telefon, immer wieder in Erscheinung tritt. Generell lässt sich festhalten, dass eine 100-prozentige Automation als Zielsetzung nicht zwingend zielführend sein muss.

Eine weitere Herausforderung, die sich bei der Identifizierung manueller Aufgaben und der Überführung in automatisierte Prozedere ergibt, ist die organisationsweite Freigabe dieser Abläufe. Gerade Organisationseinheiten, die eine hohe Aufgliederung in kleinere Unterorganisationen aufweisen, benötigen ein Organ, das den FMO verbindlich und final festlegt. Je sauberer dabei vorab der CMO identifiziert werden konnte, umso leichter wird es sein, auf Basis dieser Ist-Erfassung neue Prozessketten und Ablaufstrukturen im Sinne des FMO zu etablieren.

ARIS-Methode als Erfassungsgrundlage

Zur Erfassung der Prozedere über alle involvierten Organisationen, Abteilungen und Teams hinweg empfiehlt sich der Einsatz eines einheitlichen Werkzeugs. Gute Erfahrungen konnten dabei mit dem Erfassungskonzept *ARIS – Architektur integrierter Informationssysteme* gemacht werden. Zur Erfassung der CAMP-relevanten Prozedere wurden die für das Automationsprojekt bedeutenden ARIS-Elemente in einem Styleguide zusammengefasst (vgl. Abb. 7.2) und in das Modell einer ereignisgesteuerten Prozesskette, einer sogenannten EPK, überführt (vgl. Abb. 7.3). Grundelemente einer ARIS-basierten EPK sind Event/Ereignis, Funktion sowie Organisationseinheit. Mit diesen drei Größen lassen sich alle maßgeblichen Aspekte eines Ablaufes identifizieren, erfassen und grafisch darstellen.

Target Definition	What is this use case for? What is its function or purpose?
Actors	Roles, applications, IT-services that execute or trigger the actions of the use case.
Trigger/Activator	Initial event that starts the use case.
Pre-Conditions	Initial situation when the use case starts.
Post-Conditions	Resulting situation at the end of the use case.
Short Use Case Description	2-4 sentences to describe, what is going on during the use case.
Detailed Use Case Description	Sequence of activities as diagram or enumerated list. It is strongly recommended to use a diagram like EPC or some kind of activity diagram (e.g. UML).
Exceptions	Description of alternatives in the course of action and their conditions.
Extends/Includes	Parts of the use case might be used in the same way in other use cases. These can be marked as includes or extends. Include is a direct relationship between two use cases which means that the behavior of one use case (the included one) is inserted into the behavior of the including one and so describes some reuse of the functionality of the included use case. Extends indicate that the behavior of the extension use case may (so extends are optionally) be inserted in the extended use case under some conditions. This is especially the case if your use case is some special variation of a more or less common one. In this case your use case extends the common one by modifying the behavior or adding some custom behavior.
Complexity	This attribute is optional, but it is a good hint for the workflow developer, because it tells him in case of high complexity that there might be much more information relevant for the implementation of the process that is not yet described in the use case description and a more detailed functional specification is going to be needed.
Additional Information	For a use case with high complexity this is the attribute to gain insight to details not contained in the use case model.
Open Issues	Open questions that have to be addressed to the responsible departments.
Business Data Objects	Data objects involved in this use case. Each piece of data used in this use case has to be related to one of the data objects mentioned here.

Abb. 7.2 Beschreibung der ARIS-basierten EPK-Prozedere in Textform

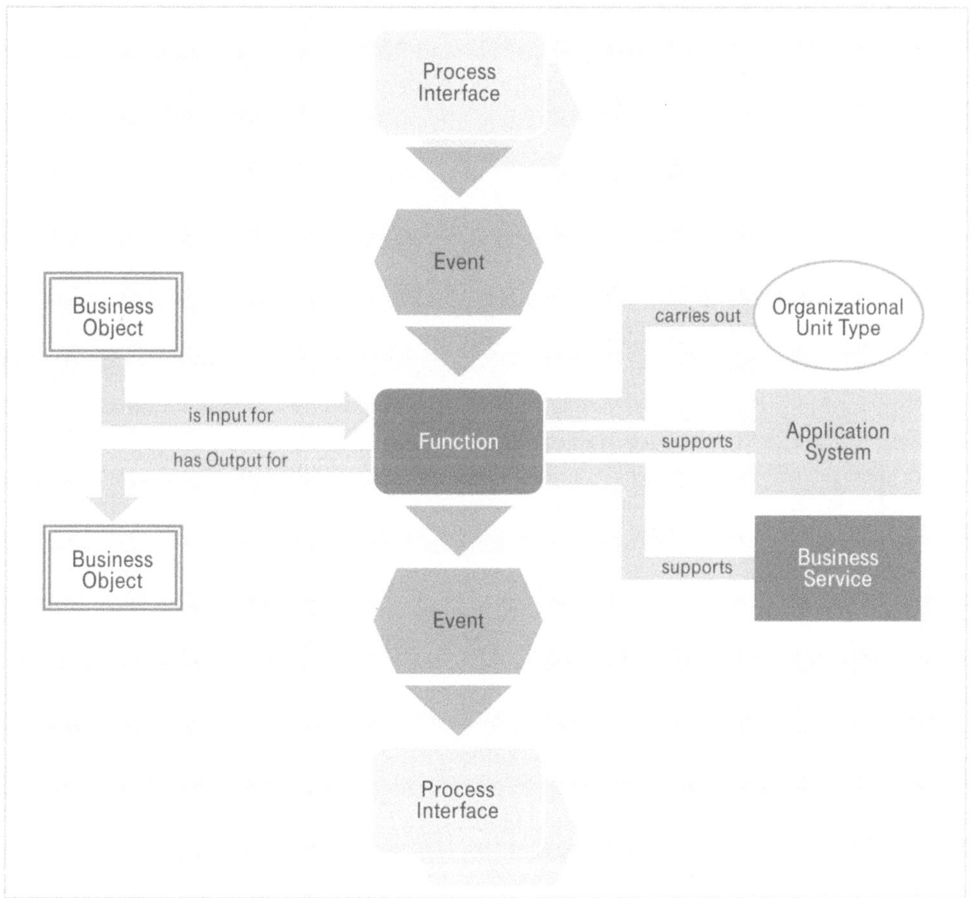

Abb. 7.3 EPK-Layout-Vorgabe zur grafischen Darstellung einer spezifischen Prozesskette

7.3.2 Übergaben als kritische Größen für IT-Service-Prozesse

Bei der Betrachtung von Übergaben (vgl. Kapitel 7.2.2.1) sind sowohl jene Schnittstellen, die in der IT-Infrastruktur vorliegen, als auch jene, die sich aufgrund der technologischen und organisatorischen Zusammenführung einheitenübergreifender Abläufe ergeben, von Relevanz. Angenommen, es liegen Übergabepunkte über zehn verschiedene Organisationseinheiten vor, weil darunter zugleich zehn verschiedene IT-Infrastruktur-Schnittstellen existieren, so ergibt sich daraus eine nicht unerhebliche Komplexität. Können diese Schnittstellen in ihren Auswirkungen einfacher gestaltet und die darunter liegenden Strukturen konsolidiert werden, so ist schon ein wesentliches Ziel eines Automationsvorhabens erreicht.

Um diese Zielsetzung zu erreichen, müssen sich Organisationen ihrer Schnittstellen und der Komplexität von Übergabepunkten und Prozessketten zunächst bewusst werden. Durch die Erfassung des CMO können Dubletten und Redundanzen von Schnittstellen identifiziert und bereinigt werden. Erfahrungsgemäß hat eine konzentrierte Transition dieser Übergabepunkte in einen für alle beteiligten Einheiten geltenden FMO die Verschlankung von Prozessketten und die Eliminierung unproduktiver Übergabeschleifen zur Folge.

Ist die Standardisierung der Prozedere zielführend erfolgt, so gestaltet sich die technische Realisierung sauberer Übergabepunkte verhältnismäßig unkompliziert: Solange ein System über eine programmierbare Schnittstelle verfügt, steht einer relativ zügigen Anbindung in die Gesamtstruktur nichts im Wege. Die zentrale Herausforderung besteht auch hier in einer zu hohen Zahl von Varianten, die Abläufe gerade in den Übergaben zu komplex werden lassen können. Je geradliniger allerdings Standards wie beispielsweise Webservices eingehalten werden, umso günstiger ist es für ein zügiges und verlustfreies Vorankommen im Automationsprojekt.

7.3.3 Evaluation und Selektion adäquater Technologien

Neben der sauberen Definition von Schnittstellen ist die größte Herausforderung auf technologischer Seite paradoxerweise organisatorischer Natur: Die Sortierung eines großen, enorm schnelllebigen Angebots an mehr oder minder adäquaten Lösungen stellt häufig eine nicht zu unterschätzende Herausforderung dar. Der Cloud-Markt und die Technologien, die dieser Markt zu bieten hat, entwickeln sich mit einer enormen Dynamik, die eine stichhaltige Gegenüberstellung von Notwendigkeit und Wirtschaftlichkeit oftmals erschweren. Häufig entsteht unter diesen Umständen eine Diskrepanz zwischen organisatorischer Durchsetzbarkeit von Neuanschaffungen und dem permanenten Nachrücken neuer Systeme. Der Fokus muss deshalb stets auf der Frage lasten: Welche Lösungen sind aus strategischer Sicht wertvoll und sollen sich im eigenen Produktportfolio wiederfinden? Auch hier kann die Festlegung von Standards – beispielsweise in einem fest definierten Anbieter- und Lösungskatalog – zielführend sein. Generell lässt sich sagen, dass sich auf dem Markt inzwischen standardisierte Interfaces durchgesetzt haben, die in der Handhabung einfach und multikompatibel sind. Geringer ist der Standardisierungsgrad allerdings nach wie vor bei Technologien und Lösungen rund um die Datenhaltung. Hier ist das Marktumfeld noch sehr heterogen, was gerade für die Automation eine nicht unerhebliche Herausforderung mit sich bringt.

7.3.4 Effektives Availability- & Continuity-Management

Es kann auch in automatisierten Umgebungen sinnvoll sein, technische Ausfälle durch eine zwei- oder mehrstufige Systemredundanz abzudecken. Diesem Entschluss sollte allerdings eine gründliche Prüfung von Zweckmäßigkeit und Wirtschaftlichkeit redundanter Mechanismen vorangehen. Generell kann gesagt werden, dass redundante Strukturen stets zusätzliche Komplexität aufwerfen und entsprechende Mehrkosten mit sich bringen: Die Umschaltung muss getestet werden – kommt es hier zu Fehlern, so müssen auch diese in aller Tiefe analysiert und interpretiert werden, um ein erneutes Auftreten zu unterbinden. Die alleine aus den Tests entstehende zusätzliche Komplexität ist auch dahin gehend kritisch zu bewerten, dass sie bei mangelhaften Optimierungsmaßnahmen ebenfalls schwerwiegende Ausfälle in der Automation produzieren kann. Daraus wiederum entsteht eine Kostenspirale, die sich schnell in wirtschaftlich ineffiziente Bereiche drehen kann.

Darüber hinaus kann eine redundante Auslegung von Plattformen, Tools oder auch Datenbanken mögliche logische Probleme in den Abläufen nicht lösen. Umso wichtiger ist es, neben Fehlern, die im System verankert sind, Störungen zu betrachten, die ihre Ursachen in Fehlfunktionen der Automation haben. Die Frage, was in solchen Fällen zu tun ist, sollte unbedingt schon in der Planung berücksichtigt werden. Gerade in logischen Bereitstellungsinfrastrukturen kommt es mit zunehmender Häufigkeit vor, dass die Hardware, die dem Betrieb der Workloads zugrunde liegt, nicht mehr ausreicht. Um Abbrüche und Fehlermeldungen zeitnah beheben zu können, sollte deshalb jede Organisation auf qualifizierte Mitarbeiter mit der nötigen Expertise zur Fehlerbehebung zurückgreifen können. Deshalb muss auch diese Organisationsinstanz bei der Planung von Automation von vorneherein vorgesehen werden – entsprechende Qualifizierungsmaßnahmen sind also unumgänglich. Zudem sollten bei der Erstellung und dem Testing einer Automation auch die Abbrüche auf den Prüfstand gestellt werden. Der Betrachtung der Negativfälle kommt insofern eine hohe Priorität zu, als nur so der Umfang, der im Fall eines Fehlers manuell abgearbeitet werden muss, exakt eingeschätzt werden kann.

7.4 Automation bei T-Systems am Beispiel von CAMP

Mit dem webbasierten *Cloud Automation Management Portal – CAMP* hat T-Systems seinen zentralen Punkt geschaffen, auf den sich alle an einem Automationsvorhaben beteiligten Organisationseinheiten beziehen können. Hier können bereits in der Standardisierung festgelegte Prozedere ebenso eingegeben werden wie Eckwerte zu zentralen Fragen nach der Größe, der Lokation und auch den Features eines spezifischen Systems, eines kompletten Workload oder auch einer Kunden-Landscape.

CAMP besteht aus drei Kernkomponenten: der *eCMDB – enhanced Configuration Management Database*, der zentralen *Workflow Engine* sowie dem *Portal*, das als Zugriffs-, Konfigurations- und Managementebene für die darunterliegenden Automationsmechanismen und -prozesse dient. Als Seitenarm dieser zentral angelegten Automationslandschaft sollten zudem die in den lokalen Tech Bases installierten Workflow Engines Erwähnung finden, die als Satelliten an CAMP angebunden sind und von der zentralen Workflow-Instanz gesteuert werden.

Wie in Kapitel 7.2.1 erläutert, spielt die Bereitstellung „Config- & Play"-fähiger Cloud-Angebote eine zunehmende Rolle. Mit CAMP entwickelte T-Systems ein Portal, über das qualifizierte T-Systems Mitarbeiter Services eigenständig, zeitnah und den Kundenwünschen entsprechend konfigurieren und bereitstellen können – ein aufwendiges, manuelles Scripting ist nicht erforderlich. Über die Steuerzentrale lässt sich die komplette DCP automatisiert verwalten (vgl. Kapitel 7.3). Was für zusätzliche Annehmlichkeit sorgt, aber auch Entscheidungssicherheit bietet: Dank Automation können über CAMP Portfolios dargestellt werden, deren einzelne Elemente ohne großen Aufwand getestet werden können. Eine derart niedrige Zugangsschwelle ist gerade aus vertrieblicher Sicht ein starkes Argument: Kunden können sich ihre individuelle Infrastruktur quasi auf Knopfdruck zusammenstellen lassen und zeitnah erkennen, ob die gewünschte Landscape in der vorliegenden Konfiguration den Anforderungen gerecht wird oder ob weitere Modifikationen vorgenommen werden müssen.

7.4.1 Designprinzipien von CAMP

Die Umsetzung und Weiterentwicklung von CAMP unterliegt einigen allgemeinen Designprinzipien, die im Folgenden kurz erläutert werden sollen. Sämtliche dieser Kriterien können als allgemeine Grundsätze für eine erfolgreiche Automation von Abläufen in IT-Infrastrukturen gewertet werden.

7.4.1.1 Zentralistische Betrachtung

Eine zentralistische Betrachtung von Organisationseinheiten und Automationskomponenten ist bei der Planung und Durchführung stets von Vorteil und wurde auch unter CAMP in weiten Teilen realisiert. Ein Beispiel für eine derartige zentralistische Sichtweise kommt aus dem Data Management, wo es sich als zielführend herausgestellt hat, nur eine zentrale Datenbank zu verwenden und auf die Integration diverser Einzelsysteme zu verzichten. CAMP hat gezeigt: Je zentraler eine Systematik aufgebaut ist, umso einfacher ist sie zu automatisieren.

7.4.1.2 Automation Layer

Unabhängig von den spezifischen Rahmenbedingungen, die eine Automationsinfrastruktur mitbringt oder auch erfüllen muss, ist die Strukturierung in unterschiedliche *Automation Layer* ein ausgesprochen sinnvoller Designansatz zur Umsetzung einer dynamischen und zugleich flexiblen Automationsumgebung. Insbesondere Aspekte wie Wiederverwendbarkeit oder auch die Wartbarkeit einzelner Komponenten bis hin zu vollständigen Workloads können letztlich nur so sichergestellt werden. Im CAMP-Kontext bedeutet das, dass die DCP und darauf liegende Workloads wie beispielsweise DCS für SAP oder auch DSI vCloud über API-Dienste und einen Automationsbus mit dem Portal sowie den darüber liegenden Systemen, Datenbanken und Business-Anwendungen kommunizieren. Im Gegenzug sind die oberen Layer in der Lage, die Funktionen der unteren Ebenen bis hin zu Produkten direkt von der Cloud-Plattform über API-Technologien wie Webservices oder REST-Schnittstellen zu nutzen. Abb. 7.4 veranschaulicht die Abgrenzung der unterschiedlichen Automation Layer: Plattform- und Workload-Layer sind klar von den Anwendungs- und Business-(Self-Service-) Ebenen getrennt.

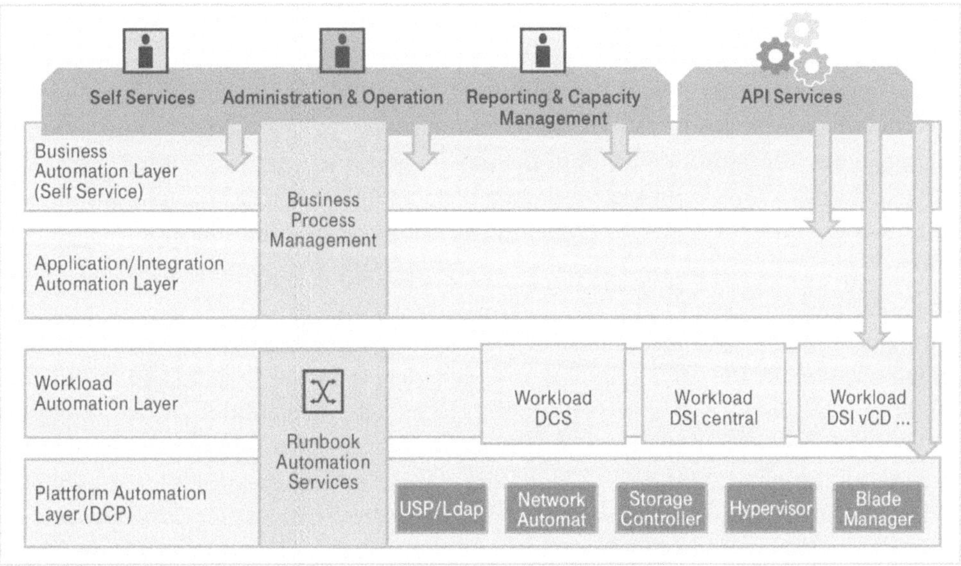

Abb. 7.4 Automation Layer der übergreifenden Cloud-Architektur

7.4.1.3 Trennung von Daten- und Informationsmodell

Die Unterscheidung zwischen Datenmodell und Informationsmodell ist essenziell für eine effiziente Automation: Einzelne Systeme wie Datenbanken, Datenintegrationsplattformen oder auch Asset Manager haben Datenmodelle, die sich letztlich isoliert mit einem Tool generieren und darstellen lassen. Übergreifend liegt allerdings ein

Informationsmodell vor, das beschreibt, wie diese Datenmodelle aus den einzelnen Systemen zusammenhängen. Ein Beispiel hierfür ist die konkrete Definition, wo eine Unique ID generiert und in welchen Systemen sie anschließend weiterverwendet wird.

7.4.2 Die zentrale Workflow Engine

Die Workflow Engine ist das Herzstück der CAMP-Architektur. Hier werden Prozedere und Use Cases in Form von Runbooks eingepflegt, verwaltet und anschließend als dynamisch erzeugte Runbook-Jobliste unter Einbeziehung der zentral gesteuerten Konfigurationsdaten ausgeführt.

Der *TWD – Technical Workflow Designer* überträgt die als ARIS-EPKs festgehaltenen Ergebnisse aus der Prozesserfassung und Standardisierung in die Automatisierungs-Runbooks der zentralen Workflow Engine. Im Falle von CAMP war dies lange ausschließlich der *vCenter Orchestrator* von *VMware*, wobei in neueren Automatisierungsprojekten mit der *HP OO – HP Operations Orchestration* inzwischen strategisch Technologien von Hewlett Packard zum Einsatz kommen. Die Eingabe erfolgt in der Regel über die Kombination von visuellen Editierungsfunktionen und Scripting-Mechanismen, wobei der Anteil der visuellen Eingabe mit der Evolution der einzelnen Technologien zusehends den größeren Teil ausmacht. Diese zunehmende Vereinfachung in der Konfiguration der Automations-Workflows bringt auf mittelfristige Sicht den markanten Vorteil mit sich, dass neben reinen IT-Entwicklern auch versierte Administratoren die im Runbook-System (also dem vCenter Orchestrator oder der HP Operations Orchestration) vorliegenden Runbooks pflegen können.

Um eine atomare, also transaktionelle Sicherheit im Datenfluss zwischen Workflow Engine und eCMDB (vgl. Kapitel 7.4.3) zu schaffen, wurde ein modularer Ansatz über einen spezifischen Zugriffs-Layer gewählt. Der Gedanke dahinter ist der, über eben diese Modularisierung Standardzugriffe zu realisieren. Der Zugriff auf die Datenbestände erfolgt nicht über einen klassischen Workflow, sondern über einen leichtgewichtigeren Mechanismus, der eine deutlich bessere Performance aufweist. Auf der anderen Seite erlaubt er allerdings trotzdem den standardisierten, modularen Zugriff auf Datenbanken. So kann zwischen Ablauflogik, Datenzugriffslogik und dem eigentlichen Aufbau der Daten getrennt werden.

7.4.3 Die Datendrehscheibe eCMDB

Aktuelle, vollständige und konsistente Konfigurationsdaten sind grundlegend für eine funktionierende Automationslandschaft. Diese Voraussetzungen werden mit der eCMDB erfüllt. Die eCMDB erscheint als eine Sammlung von Daten, die sich allerdings gleichzeitig auch mit Quellen repliziert. Diese essenzielle Einheit der CAMP-Automationsinfrastruktur zielt auf die Integration sämtlicher involvierter Datenquellen – aus unterschiedlichen Produkten, Workloads, Plattformen etc. – und spiegelt damit einen grundlegenden Aspekt für ein erfolgreiches Automationsvorhaben wider. Export und Import, Replikationen, Kopien, Aktualisierung, Harmonisierung und Konsolidierung sind allesamt wichtige Aspekte der Datenvorhaltung, ohne die eine zielführende und sichere Automation nicht denkbar wäre. Um diese Anforderungen umzusetzen, bedarf es deshalb einer zentralen Drehscheibe, über die Daten anforderungsgerecht verwaltet, gepflegt und bewegt werden können.

Ein Beispiel zur Veranschaulichung: T-Store und ASM DB sind Datenbanken, in denen sich Informationen über Storage-Ressourcen befinden. Diese werden in beiden Systemen abgelegt. Zweck dieser Datenvorhaltung ist der, dass Informationen, die an anderer Stelle generiert werden, a) in der eCMDB zur Verfügung gestellt werden und b) zueinander in Beziehung gesetzt werden können. Somit kann gleichzeitig auch die Vollständigkeit der vorliegenden Datensätze überprüft werden. Aus dem *HP Asset Manager*, der ebenfalls mit der eCMDB integriert ist, werden in der Umkehrung Informationen geholt, die originär im Asset Manager entstehen. Diese Informationen dienen als Anker, um alle weiteren Informationen zu verarbeiten. Im Asset Manager wird zum Beispiel für jedes System eine individuelle Kennung, eine sogenannte *Unique ID*, erzeugt. Sollte ein neues System wie beispielsweise eine neue Kunden-Landscape oder auch ein Netzwerk generiert werden, so wird eine Unique ID vom Asset Manager angefordert und mit allen weiteren für die Automation relevanten Informationen angereichert. Zu diesen Anreicherungsdaten gehört beispielsweise die TCP/IP-Adresse.

7.4.3.1 LDAP

Ein weiteres Element der eCMDB-Umgebung ist die *LDAP*-Funktionalität, das *Lightweight Directory Access Protocol*. LDAP wird als Mechanismus zur Umsetzung eines hierarchischen Konzepts genutzt. Dieser Ansatz ist im Kontext des übergreifenden Informationsmodells sehr wichtig, da er unter anderem erlaubt, dass die einzelnen, hierarchisch aufgebauten Ebenen der Kunden-Landscapes mit allen Systemen und Applikationen optimal verwaltet werden können. In LDAP sind führende Informationen enthalten, die dank dedizierter Kundenkürzel konkret zugeordnet werden können. Damit müssen individuelle Informationen wie zum Beispiel der Staat, in dem ein Unternehmen seinen Firmensitz hat, nicht in jedem System hinterlegt werden, sondern sie werden über das LDAP-Modul vergeben und zur Verfügung gestellt – jeder Server eines spezifischen Kunden erbt die zum Kunden gehörigen Informationen automatisch. Aufwendige Markierungen an den einzelnen Systemen entfallen somit vollständig. Über LDAP läuft darüber hinaus auch die Steuerung von Net Groups. Hinter diesen Gruppen verbergen sich Nutzereinheiten, die auf unterschiedlichen Servern bestimmte Rechte haben. Diese Zugriffsrechte sind ebenfalls im LDAP hinterlegt. Der Austausch weiterer hierarchischer Informationsklassen zwischen LDAP und eCMDB ist in Planung und wird sukzessive realisiert.

Ein weiterer Grund für den Einsatz von LDAP liegt darin, dass die meisten UNIX-artigen Systemkomponenten sehr einfach auf LDAP zugreifen können. Security-relevante Werkzeuge setzen LDAP teilweise sogar voraus. Darüber hinaus spielte die extreme Ausfallsicherheit dieses Protokolls eine Rolle bei der Entscheidung, LDAP in die eCMDB-Umgebung einzubinden.

7.4.3.2 Landscapes

Betrachtete man die Begriffe VLAN und Landscape ursprünglich synonym, so wurde schon nach kurzer Zeit deutlich, dass es sich hier faktisch um Ordnungskriterien unterschiedlicher Ausprägung handelt. Heute beschreibt VLAN die technische Umsetzung einer Landscape auf Basis von Netzwerkkomponenten. Damit können anhand einer VLAN-Kennung die logische Separierung von Netzwerkelementen und eine klare Zuordnung von Servern zu Unternetzwerken vorgenommen werden.

Bei der Landscape handelt es sich weniger um eine technische Entität als vielmehr um ein logisches Konstrukt, das es erlaubt, Server und Netzwerkkomponenten einem konkreten Kunden zuzuordnen. Heute verfügt eine Landscape über drei physische VLANs: Eines für Speicher, dann das sogenannte Admin-Netz und als Drittes das Netz für den Kundenzugang.

7.4.4 Das Konfigurationsportal

Der webbasierte Zugriff auf CAMP erfolgt via Secure Card über das Admin-LAN von T-Systems. CAMP verfügt über unterschiedliche Module, die je nach Anwendungsbereich, Einsatzszenario und vorab definierter Nutzerrolle zugewiesen werden. Zu den Modulen des Portals gehören:

- Die Steuerung des DPS Capacity Manager: Hier werden unter anderem physikalische Systeme, Kunden-Landscapes sowie VLANs definiert.
- Platform Operations: Diese Funktionsebene ist die Bearbeitungsoberfläche für das Team der DPS Virtual Platform Operations – VPO. Es nahm zeitlich mit dem Release von DCS 3.0 den Betrieb auf und stellt den Zugang zu mittelgradigen – „mid level“ – Automationsszenarien bei DPS dar. Über das Platform-Operations-Modul können einzelne ESX-Hosts zu bestehenden Farmen hinzugefügt oder auch virtuelle Maschinen aufgesetzt werden.

- Application Operations: In diesem Modul werden die Automation operativer Aufgaben wie des Snapshot-Handlings, Systemkopien oder auch Datenbanken-Backups gesteuert.
- Das Provisioning über den Application/SAP Delivery Manager: Dieses Modul schafft die Voraussetzung zur Konfiguration und automatischen Bereitstellung kompletter Landscapes unter Berücksichtigung von Kundensystemen, Storage-Ressourcen, Anwendungen (SID, Services) und deren Beziehungen untereinander. Dieses CAMP-Modul wird überwiegend zur SAP Delivery genutzt.
- Weitere Funktionen, die in CAMP ausgeführt werden können, sind zum Beispiel die Erstellung von Reports oder der Downtime Manager.

Anwender können über das CAMP-Portal einzelne Runbook-Jobs oder deren Status bearbeiten, allerdings nicht direkt auf die Workflow Engine zugreifen. Ihre Kontroll- und Managementinstanz ist die CAMP-Job-Liste. Darüber hinaus gibt es eine API, welche die Anbindung externer Kunden-GUIs unterstützt. So können aus den Systemen eines Kunden Konfigurationsdaten direkt in CAMP gesendet werden.

7.4.5 Lokale Tech Bases

CAMP verfügt über alle Vorteile einer zentral angelegten Automationsumgebung. In der globalen Betrachtung ergeben sich aus dieser zentralistischen Infrastruktur allerdings einige Herausforderungen, die sich unter anderem in der Performance oder auch in der Losgelöstheit einzelner Systemkomponenten widerspiegeln – letzterer Aspekt kommt zum Beispiel bei der Wartung der zentralen Automationssteuerung zum Tragen.

Performance und die Wartung von Einzelkomponenten waren Aufgaben, die letztlich zu der Entscheidung führten, den weltweit verteilten, lokalen Tech Bases ein eigenständiges Agieren zu ermöglichen. Hierzu werden bestimmte Funktionen der Workflow Engine in einer lokalen Instanz, einem WKF-Satelliten, abgebildet. Dieser periphere Satellit unterstützt zugleich die Anbindung an die eCMDB und damit an die zentral gesteuerte Datenvorhaltung. Verfügt ein lokaler Server vor Ort zudem über remote Systemkomponenten wie beispielsweise vCenter oder UCS, so können diese durch den WKF-Satelliten ebenfalls in die Automation eingebettet werden.

Da die standort- und länderübergreifende Anbindung derartiger Komponenten aufgrund der extrem hohen Laufzeiten nahezu unmöglich zu realisieren ist, hat sich diese Herangehensweise als eine praktikable Lösung zur vollumfänglichen Automation dezentraler Tech Bases erwiesen.

7.5 Best Practice: Empfehlungen und Erfahrungswerte aus CAMP

Während zuvor in 7.3 die Herausforderungen bei der Automation von Cloud-basierten Portfolios geschildert wurden, so sollen an dieser Stelle nun Best-Practice-Empfehlungen zur erfolgreichen Umsetzung eines Automationsvorhabens gegeben werden.

7.5.1 Eindeutige Zieldefinition

Eine klare Zielorientierung ist das A und O bei der Konzipierung eines jeden Automatisierungsvorhabens. Grundlegend ist hierbei die Frage, ob es ausschließlich oder überwiegend darum geht, manuelle Arbeiten mit dem Ziel einer effizienteren Ressourcennutzung auf ein sinnvolles Minimum zu reduzieren, oder ob ein komplett neues Produkt unter Einbindung von Automation auf den Markt gebracht werden soll. Daraus ergibt sich schlussendlich die Frage: Welche Abläufe müssen zur Erreichung des festgelegten Ziels erfasst, standardisiert und in die Automation überführt werden?

7.5.2 Frühzeitig enge Zusammenarbeit

Es ist für die gesamte IT-Effizienz sinnvoll, das mit der Automation betraute Team als eine Engineering-Einheit schon frühzeitig in Entscheidungsprozesse einzubinden. So können Unternehmen sicherstellen, dass eine Integration neuer Elemente in vorhandene Abläufe so reibungslos wie möglich erfolgt. Dieses Prinzip kann zum einen bei der Entwicklung neuer Portfolios wie der T-Systems Cloud-Services zum Tragen kommen, zum anderen aber auch in Bereichen wie der Hardwarebeschaffung. Ein anschauliches Beispiel liefert der Erwerb neuer Speicherelemente: Früher war eine losgelöste Bestellung von Storage-Modulen durch die Mitarbeiter im Einkauf kein Problem. Nach einem Anbietervergleich lieferte neben der Erfüllung hoher Qualitätskriterien vor allem das beste Preis-Leistungs-Verhältnis das finale Argument für den Kauf eines bestimmten Produkts. In einer Landschaft, die einen hohen Automationsgrad aufweist, sollte ein kurzfristig betrachteter Kostenvorteil im Einkauf allerdings geringer ins Gewicht fallen als die Kompatibilität eines avisierten Produkts mit den bestehenden Infrastrukturen. Mag das Speichermodul von Anbieter B auch deutlich preiswerter sein als das bereits verwendete System von Anbieter A, so können etwaige Anpassungsschwierigkeiten und mögliche Systemausfälle durch das günstigere Produkt jedoch im Nachgang für empfindliche Mehraufwände sorgen. Anfängliche Einsparungen verkehren sich so ins Gegenteil. Zudem wird es in enger Zusammenarbeit einfacher, angemessen auf die massive Dynamik des umfangreichen Anbietermarkts zu reagieren.

7.5.3 CMO und FMO im Fokus behalten

Während der Erfassung der Prozedere und des CMO ist es wichtig, nicht nur die Managementebene, sondern zugleich die operativen Mitarbeiter in das Vorhaben einzubinden. Denn neben den Teamleitern sind es vor allem die Administratoren, die eine detaillierte Aussage dazu treffen können, welche Aufgaben sie zum aktuellen Stand der Erfassung tatsächlich ausüben. Die akribische schriftliche Dokumentation des CMO ist an dieser Stelle erfolgsentscheidend für den gesamten weiteren Verlauf des Projekts. Die anschließende Filterung und Priorisierung der identifizierten Abläufe ergeben schließlich den FMO. Dieser sollte den künftigen, automatisierten Betriebsmodus vollumfänglich beschreiben. Ein besonderer Hinweis: Unternehmen, deren vorrangiges Ziel die Effizienzsteigerung durch Eliminierung manueller Arbeiten ist, sollten ihren ersten Fokus nicht darauf richten, was sie in Zukunft haben wollen, sondern unbedingt zuerst den Ist-Stand erfassen.

7.5.4 Klare Zielgruppenidentifikation

Bei der Automation eines neuen Produkts bedarf der Begriff des Endkunden einer differenzierten Betrachtung. So reicht die Spanne von multinationalen Konzernen mit einem mehrere Hundert Mann starken IT-Stab bis hin zu mittelständischen Unternehmen, deren technische Abteilungen bei Weitem nicht so breit aufgestellt sind. Letztere benötigen in der Regel eine intensivere Beratung, um einen Zugang zum Thema Automation zu erhalten.

Die Zielgruppendefinition entscheidet unter anderem über das Abstraktionsniveau des geplanten Produkts. Bei einem hohen Abstraktionsniveau, das zum Beispiel dann zum Tragen kommt, wenn der Endkunde direkt in Berührung mit dem Produkt kommt, ist ein extrem großer Umfang an Regeln und Definitionen erforderlich. Wird ein neues Produkt allerdings unter der Maßgabe konzipiert, dass ein IT-Fachmann auf Anbieterseite mit dem Kunden spricht und dieser die relevanten Einträge auf der Konfigurationsebene vornimmt, dann kann die Automatisierung mit einer deutlich geringeren Abstraktion aufgebaut werden.

7.5.5 Definierte Eckwerte und Variantensparsamkeit

Definitionen zu den Dimensionen einzelner Produkte – nehmen wir die Beispiele „kleines SAP-System“ und „großes SAP-System“ – sind unumgänglich, um die möglicherweise vagen Kundenerwartungen an ein individuelles Produkt in konkrete Formen zu bringen. Auch hier gehört es wieder zu den großen Herausforderungen, die richtigen Organisationseinheiten an einen Tisch zu bringen: diejenigen, die in der Produktion tatsächlich Cloud-Systeme anlegen, und diejenigen, die den Vertrieb und damit Markt- und Kundenanforderungen im Blick haben. Gemeinsam definieren beide Organisationseinheiten die für eine effiziente Automation erforderlichen Eckwerte.

Was die Konfigurationsvarianten betrifft, so zählt auch hier das Prinzip „Weniger ist mehr". Je umfangreicher die Anzahl an Varianten ist, die innerhalb eines automatisierten Produktportfolios angeboten werden, umso aufwendiger wird die Arbeit für denjenigen, der die Konfigurationen über die entsprechende Oberfläche umsetzen muss. Zudem steigt mit der Anzahl der Varianten in logischer Konsequenz die Komplexität der Automatisierung. Unternehmen, die das Prinzip der Einfachheit berücksichtigen, halten nicht nur den Umfang des Automationsvorhabens, sondern auch die anschließende Pflege der angelegten Strukturen in einem vernünftigen und damit kosteneffizienten Rahmen.

7.5.6 Eindeutige Projektdimensionen

Zur Umsetzung erfolgreicher Automationsprojekte ist zunächst einmal ein nicht unerheblicher Engineering-Aufwand erforderlich. Dieser Aufwand sollte von Anfang an in einem klaren Verhältnis zu den gewünschten Einsparungen gesehen werden. Es ist deshalb empfehlenswert, die Effizienz eines Automationsvorhabens mittel- bis langfristig zu betrachten. Denn die Vorteile von Automation entfalten erst durch eine konsequente, auf Dauer angesetzte Umsetzung ihre volle Wirkung. Unternehmen, die Automation als iteratives und damit lernendes Element ihrer Geschäfts- und IT-Infrastrukturen betrachten, profitieren deutlich intensiver von den wirtschaftlichen Vorteilen eines solchen Vorhabens als Organisationen, die punktuelle und damit in der strategischen Betrachtung recht kurzfristige Effekte erzielen wollen. In der Anfangsphase ist es sicherlich recht ressourcenintensiv, Prozedere bis ins Detail zu identifizieren, zu priorisieren und je nach definiertem Anforderungsrahmen zu automatisieren – wer jedoch schon zu Beginn die Automation in einer gewissen Tiefe verankert, wird deutlich früher Ersparnisse verzeichnen. Was allerdings unbedingt voneinander zu unterscheiden ist, sind die Granularität und die Größe eines Automationsvorhabens. So kann ein kleines, klar umrissenes Projekt, das allerdings alle betreffenden Schnittstellen und Übergabepunkte im vollen Umfang berücksichtigt, merklich effektiver sein als ein mit maximaler Größe angelegtes, aber dadurch unübersichtliches und möglicherweise sogar oberflächliches Automationsvorhaben.

Best-Practice-Empfehlungen auf einen Blick

- Eindeutige Zieldefinition: Neues Produkt oder interne Effizienzsteigerung?
- Frühzeitig enge Zusammenarbeit: Alle Beteiligten an den runden Tisch
- CMO und FMO im Fokus behalten: Erst Ist-, dann Soll-Stand
- Klare Zielgruppenidentifikation: Was will der Kunde? Welche Komplexität kann er stemmen?
- Definierte Eckwerte und Variantensparsamkeit: Weniger ist mehr
- Eindeutige Projektdimensionen: Erst einmal klein, aber bis ins Detail

7.6 Fazit

Die positiven Erfahrungen aus diversen Projekten bei T-Systems haben gezeigt, dass die Realisierung und der Betrieb komplexer Produktionsumgebungen durch eine weitreichende Automation deutlich effizienter vorangetrieben werden können. Mehr noch: Eine schnelle Time-to-Market und ein optimal integriertes Product-Lifecycle-Management avancieren inzwischen zu erfolgsentscheidenden Faktoren in all jenen Märkten, die sich durch eine massive Entwicklungs- und Bereitstellungsdynamik auszeichnen – Faktoren, die durch eine durchdachte Automation maßgeblich beeinflusst werden können.

Bei allem Potenzial steht die Wirksamkeit eines Automationsvorhabens allerdings in direktem Verhältnis zur Präzision, mit der ein solches Projekt betrieben wird. Die vorangegangenen Best-Practice-Empfehlungen helfen dabei, diese Exaktheit vom ersten Tag an auf Detailebene zu verankern, durch Standardisierung nachhaltig zu optimieren und damit effektive Automationsmechanismen zu etablieren. Die möglichen Stolpersteine liegen hierbei weniger in der technologischen Umsetzung als vielmehr auf fachlicher und organisatorischer Seite. Denn während sich die auf dem Markt verfügbaren Lösungen und Systeme bereits durch einen hohen Reifegrad auszeichnen, stellt die zur Automation unerlässliche Erfassung aller relevanten Arbeitsschritte und Prozedere eine nicht zu unterschätzende Aufgabe dar. Deshalb sind die enge, organisationsübergreifende Zusammenarbeit und eine eindeutige Zieldefinition die Grundpfeiler für eine zukunftssichere Überführung manuell geprägter Prozessstrukturen in eine anforderungsgerecht automatisierte IT-Umgebung.

Autor

Bernd Kunrath ist Automation Architect bei T-Systems International GmbH und bereits seit 1985 in der IT-Branche tätig. Nach mehreren Jahren als Softwareentwickler und Systemberater in Softwarehäusern trat er 1998 in das debis Systemhaus, heute T-Systems, ein. Dort war er zunächst als Softwareentwickler, später als Teamleiter in der Softwareentwicklung beschäftigt. Seit 2007 liegt sein Schwerpunkt – als Entwicklungsleiter und später als Automationsarchitekt – auf der Automation im Rechenzentrumsbetrieb und von Cloud-Systemen.

Schlusswort 8

Ferri Abolhassan, Jörn Kellermann

„Ohne Automatisierung keine Perfektion“ – diese bereits am Anfang des Buches geäußerte These hat sich nach der Lektüre der vorliegenden Kapitel vollends bestätigt. Und auch ein Blick auf die IT-Trends der kommenden Jahre macht eines ganz deutlich: Automatisierung rangiert immer auf den vordersten Plätzen und wird auf lange Sicht eine der größten und voraussichtlich dringendsten Herausforderungen bleiben. Denn sie betrifft alle Bereiche im Unternehmen, vom Rechenzentrum über Hardware und Software bis hin zu den Prozessen. Und zwar branchenübergreifend.

8.1 Dreiklang aus Automatisierung, Standardisierung und Konsolidierung

Das vorliegende Werk gibt einen Überblick über die Herausforderungen der Automatisierung und Standardisierung. Als Beispiel sei hierbei die Konsolidierung erwähnt, die als Standardisierung 2.0 die erreichten Effizienzprozesse langfristig sichert und eine wichtige Rolle im Dreiklang mit Standardisierung und Automatisierung spielt. Die nähere Betrachtung des Themas zeigt, wie komplex die dabei involvierten Abläufe und Problemstellungen sind. Denn nicht selten sind Standardisierung, Konsolidierung und letztlich auch die Automatisierung so eng miteinander verflochten und bauen so sehr aufeinander auf, dass die nächsten Entwicklungsstufen nicht ohne die Umsetzung dieser Schritte erreicht werden können. Ebenso ist die Vorgehensweise, anhand derer sich die drei Ziele verwirklichen lassen, nicht eindeutig festgelegt.

Wie komplex die Thematik ist, zeigt ein kurzer Exkurs in die Praxis. Nehmen wir das Beispiel der Automobilbranche, die uns bereits am Anfang dieses Werkes begleitet hat. Denn auch in der Automotive-Industrie hat die Konsolidierung einen bleibenden Eindruck hinterlassen und ist noch immer prägend. Bei näherer Betrachtung findet sich hier vor allem eine Hersteller- und Markenkonzentration (vgl. KPMG 2010). Demnach hat die europäische Automobilindustrie vier Phasen durchlaufen:

- ***Welle I in den 1920er- und 1930er-Jahren:*** „Big Shakeout“, sprich eine nachhaltige Bereinigung des Marktes von überwiegend kleinen und handwerklich-technisch geführten Erfinder-Unternehmen

- ***Welle II in den 1950er-Jahren:*** Verschwinden von Unternehmen, die nach dem Zweiten Weltkrieg wieder in den Markt eingetreten waren
- ***Welle III Mitte der 1960er-Jahre:*** Wandlung des Marktes von einem Verkäufer- zu einem Käufermarkt sowie Abschwächung der hohen Wachstumsraten in der Branche
- ***Welle IV in den 1990er-Jahren:*** Die zunehmende Globalisierung der Automobilmärkte führt zu neuen Markt- und Wettbewerbsstrukturen.

Aktuell sehen Experten verschiedene Szenarien, die weitere Konsolidierungswellen begünstigen könnten. Die Evolution in der Automotive-Branche ist dabei auch immer bedingt durch eine technologische Weiterentwicklung. So befindet sich die Automobilindustrie in einer „Green Revolution", die durch einen wachsenden politischen Druck auf die Umweltverträglichkeit von Automobilen gekennzeichnet ist. Ein weiteres Szenario ist die „Mobility Revolution", also die temporäre und situative Nutzung von Fahrzeugen. Beide Szenarien sind nur denkbar durch die entsprechenden Technologien, die grundlegend neue Möglichkeiten für die Automobilproduktion, den Handel, Vertrieb und die Nutzung schaffen.

Denn unabhängig davon, ob diese oder andere Szenarien letztlich die Branche verändern, eines ist klar: Will ein Hersteller im Markt bestehen, muss er zukunftsweisende Geschäftsmodelle entwickeln, die effizient und flexibel genug sind, um mit den Veränderungen Schritt zu halten, und diese auch langfristig weiterentwickeln. Durch die Automatisierung werden die neuen Geschäftsmodelle und Technologien für einen breiten Kundenstamm nutzbar. Auf nichts Geringeres kommt es in der IT-Industrie an – nicht zuletzt nach dem Eintritt in das Cloud-Zeitalter. Da die IT mittlerweile zentraler Dreh- und Angelpunkt in allen Unternehmen ist, lassen sich diese Anforderungen in angepasster Form auf jede nur denkbare Branche übertragen (vgl. BITKOM Research, KPMG 2015).

8.2 Der richtige Weg durch das Automatisierungsdickicht

Die Notwendigkeit und die Vorteile der Automatisierung dürften inzwischen jedem klar sein – vom Anwender über den IT-Experten bis hin zum Geschäftsführer. Nun geht es dringend an die Umsetzung, und diese ist häufig schwieriger als gedacht, gerade weil die Ausgangsbedingungen in jedem Unternehmen so unterschiedlich sind. Wo setzt die Analyse und Veränderung an? Wie lassen sich gewachsene IT-Infrastrukturen anpassen? Was geschieht mit geschäftskritischen Legacy-Systemen? Welche Standards gilt es zu beachten oder neu zu setzen? Wie lassen sich Anwender einbeziehen? Dies sind nur einige der Fragen, denen IT-Service-Provider im Rahmen von Automatisierungsprojekten in Unternehmen gegenüberstehen. Hier gilt es einmal mehr, mithilfe erfahrener Branchenexperten die bestmögliche Lösung für die jeweilige Herausforderung zu finden.

Die Anforderungen sind vielfältig, und beim Weg durch das Dickicht helfen nur eine umfassende Kenntnis alter und neuer IT-Lösungen sowie Erfahrung. Nicht mehr und nicht weniger. Vor allem das nicht mehr wegzudenkende Cloud Computing weist den Weg in eine digitale Zukunft mit massiven Benefits wie Effizienzsteigerung, besserer Kapazitätsauslastung, höherer Verfügbarkeit und Kostenoptimierung. Aber eben auch mit komplett neuen Technologie- und Serviceherausforderungen. Konzepte wie die „Hybrid Cloud" legen die Latte noch einmal deutlich höher, bieten aber als Ausgleich noch weitreichendere Vorteile für Unternehmen. Doch es geht nicht mehr ohne Cloud und Automatisierung. Demzufolge tut ein Wegweiser not. Und genau an dieser Stelle setzt dieses Fachbuch an.

Unser Dank geht an alle Mitwirkenden dieses Buches, die ihre langjährige Expertise mit den Lesern geteilt haben. Ihr Fachwissen wird künftig zahlreichen Projekten zugutekommen und zu einem erfolgreichen Gelingen dieser beitragen.

Literatur

KPMG AG Wirtschaftsprüfungsgesellschaft (2010): Automotive: Unternehmens- und Markenkonzentration in der europäischen Automobilindustrie. Mögliche Szenarien im Jahr 2015. KPMG. Stuttgart.

BITKOM Research GmbH im Auftrag der KPMG AG Wirtschaftsprüfungsgesellschaft (2015): Cloud-Monitor 2015. Cloud-Computing in Deutschland – Status quo und Perspektiven.

Herausgeber

Dr. Ferri Abolhassan ist Geschäftsführer der T-Systems International GmbH, verantwortlich für die IT Division und Telekom Security. Er studierte von 1985 bis 1988 Informatik an der Universität des Saarlandes in Saarbrücken. Nach Abschluss des Studiums folgten Stationen bei Siemens und IBM, 1992 schließlich die Promotion. Verschiedene Führungstätigkeiten bei SAP und IDS Scheer schlossen sich an, ehe Abolhassan im September 2008 als Leiter des Bereichs Systems Integration und Mitglied der Geschäftsführung zur T-Systems International GmbH wechselte. Seit Ende 2010 führte Abolhassan den Unternehmensbereich Production, bis er 2013 die Leitung des gesamten Bereichs Delivery übernahm. Seit Januar 2015 leitet er in seiner Funktion als Geschäftsführer die IT Division von T-Systems und zeichnet verantwortlich für rund 30.000 Mitarbeiter und 6.000 Kunden. Um den wachsenden Security-Herausforderungen zu begegnen, gründet die Deutsche Telekom eine neue Organisationseinheit für Sicherheitslösungen unter der Leitung von Abolhassan. Die neue Einheit bündelt künftig alle Sicherheitsbereiche im Konzern und vermarktet die Cybersecurity-Lösungen der Telekom.

Jörn Kellermann verantwortet als SVP Global IT Operations weltweit die Cloud- und Rechenzentrumsleistungen für alle Kunden der T-Systems International GmbH. Das beinhaltet Bereitstellungs- und Betriebsaufgaben von IP-Netzen und Rechenzentren bis hin zu Anwendungen wie SAP-, Messaging- und Individual-Applikationen. Jörn Kellermann ist seit mehr als 20 Jahren in der IT beschäftigt. Nach Abschluss seiner Studiengänge Informatik und Betriebswirtschaft sowie seiner freiberuflichen Tätigkeit trat er 1999 dem debis Systemhaus (heute T-Systems) bei. Seitdem hat er bei T-Systems verschiedene Positionen im Vertrieb, in der Beratung und im Betrieb von IT-Leistungen wahrgenommen. Zuletzt leitete er den globalen Bereich Dynamic Platform Services (DPS).